蔣廷黻·
中國近代史

1840～1925 中國的挫敗、自強與變革

蔣廷黻◎著

編 者 序

　　學習歷史有助於我們溫故知新、明鑑是非、陶冶情操、開闊眼界，增強歷史使命感，提高觀察問題、分析問題的能力和水平。隨著中國經濟的崛起、國力的提升，時代要求我們重建民族自信心和自尊心，重塑中國文化和精神。而如果不瞭解自己民族和國家的歷史，沒有中國歷史和文化底蘊的支撐，則是不可能的。因此，我社特意選取了民國時期著名歷史學家蔣廷黻先生撰寫的《中國近代史》，予以重新出版，以饗讀者。

　　蔣廷黻（1895～1965年），湖南邵陽人，中國近代史研究領域的開拓者，外交家。他1911年隻身赴美求學，入哥倫比亞大學研究院攻讀歷史，獲博士學位。1923年回國，任南開大學第一任歷史系主任，與梁啟超一起成為南開大學史學的奠基者。1929年，調入清華大學任歷史系主任之職。在教學期間，他所培養的弟子中有很多人都成為日後史學界的棟樑中堅，如費正清、何炳棣、邵循正、郭廷以、夏鼐、姚薇元、吳相湘等。1935年，棄學從政。1965年，病逝於紐約。

　　蔣廷黻先生研究歷史反對「治史書而非史學」的傳統方法，採用「重綜合、重分析、重整體把握」的新史學方法，並將其引入當時尚屬荒漠的近代史領域，從而在學界引起巨大反響。正如郭廷以先生所說：「近代中國史的研究，蔣先生是個開山的人。近四十年來，蔣先

生在這方面最大的貢獻，是開創新的風氣，把中國近代史研究帶入一個新的境界。」

　　這本《中國近代史》被譽為是研究中國近代史的開山之作，寫於1938年。全書從鴉片戰爭開始講起，一直敘述到抗日戰爭爆發，主題鮮明，史論兼具，更將近百年的歷史濃縮在短短的5萬餘字之中。雖然過去了80年，但對今天的讀者和社會亦有極大的啟發價值。

　　此次，本社以1938年初版本為底本，另附有蔣廷黻先生的另外兩篇論文——《中國與近代世界的大變局》、《琦善與鴉片戰爭》。需要特別說明的是，本書因產生於民國時期，距今已遠，故表達方式與當今社會已有不少差距。但為了尊重蔣廷黻先生的原著和那個特定的年代，我們除對極少數地方予以處理外，其他一概保留舊貌，以期為讀者奉獻一部原汁原味的《中國近代史》。此外，我們還為本書插入120餘插圖，這些插圖均是相應的歷史事件發生時的同時之作，或出自當時的新聞報刊插畫，或出自當時的攝影者之手。每一張圖片我們還特意作了較為詳細的圖說，可作為正文的有益補充。因為圖說出於現代，故年代、數字等標記法均採用現代出版規範的形式，以作為與正文的區別。總之，我們希望在閱讀原著的同時，圖片可以使讀者更為直觀地感受這些重大的歷史事件和當時的社會氛圍，相輔相成，相得益彰。

　　本書一定還有疏漏不足之處，歡迎廣大讀者批評指正。

編者謹識

目錄

道光帝

外國人繪製的義和團民畫像

附錄二　琦善與鴉片戰爭

一只繪有探險船的葡萄牙陶碗

總論

　　中華民族到了十九世紀就到了一個特殊時期。在此以前，華族雖與外族久已有了關係，但是那些外族都是文化較低的民族。縱使他們入主中原，他們不過利用華族一時的內亂而把政權暫時奪過去。到了十九世紀，這個局勢就大不同了，因為在這個時候到東亞來的英、美、法諸國絕非匈奴、鮮卑、蒙古、倭寇、清人可比。原來人類的發展可分兩個世界，一個是東方的亞洲，一個是西方的歐美。兩個世界雖然在十九世紀以前曾有過關係，但是那種關係是時有時無的，而且是可有可無的。在東方這個世界裡，中國是領袖，是老大哥，我們以大哥自居，他國連日本在內，也承認我們的優越地位。到了十九世紀，來和我們找麻煩的不是我們東方世界裡的小弟們，是那個素不相識、而且文化根本互異的西方世界。

　　嘉慶、道光年間的中國人當然不認識那個西方世界。直到現在，我們還不敢說完全瞭解西洋的文明。不過有幾點我們是可以斷定的：第一，中華民族的本質可以與世界上最優秀的民族相比，中國人的聰明不在任何別的民族之下；第二，中國的物產雖不及俄、美兩國的豐厚，然總在一般國家水平線之上；第三，秦始皇的廢封建為郡縣及漢、唐兩朝的偉大帝國，足證我民族是有政治天分的。是故論人論地，中國本可大有作為。然而到了十九世紀，我民族何以遇著空前的

難關呢？第一，是因為我們的科學不及人。人與人的競爭，民族與民族的競爭，最足以決勝負的，莫過於知識的高低。科學的知識與非科學的知識比賽，好像汽車與人力車的比賽。在嘉慶、道光年間，西洋的科學基礎已經打好了，而我們的祖先還在那裡做八股文，講陰陽五行。第二，西洋已於十八世紀中葉起始用機器生財打仗，而我們的工業、農業、運輸、軍事，仍保存唐、宋以來的模樣。第三，西洋在中古的政治局面很像中國的春秋時代，文藝復興以後的局面很像我們的戰國時代。在列強爭雄的生活中，西洋人養成了熱烈的愛國心，深刻的民族觀念。我們則死守著家族觀念和家鄉觀念。所以在十九世紀初年，西洋的國家雖小，然團結有如鐵石之固；我們的國家雖大，然如一盤散沙，毫無力量。總而言之，到了十九世紀，西方的世界已經具備了所謂的近代文化，而東方的世界則仍滯留於中古，我們是落伍了！

18世紀中葉，英國率先開始了工業革命。從此，機器取代人力，大規模工廠化生產取代個體戶手工生產，人類文明進入了新的篇章。此圖描繪的是1835年在英格蘭蘭開夏郡的紡織廠中，工人們利用機器勞動的場景。

↑聖彼得堡始建於1703年，1712年彼得大帝遷都到此，一直到1918年，聖彼得堡都是俄羅斯政治、經濟和文化的中心。此圖是18世紀中葉的一幅油畫，正描繪了涅瓦河上繁忙的商貿往來景象。圖片下面正中央處是一艘懸掛了英國國旗的商船，這也說明了聖彼得堡在俄羅斯近代化改革中的重要地位。

←彼得大帝，即彼得一世，羅曼諾夫王朝的第四代沙皇，近代俄羅斯的政治、經濟、文化、教育、科技等方面的發展無不源於彼得大帝時代。

　　近百年的中華民族根本只有一個問題，那就是：中國人能近代化嗎？能趕上西洋人嗎？能利用科學和機械嗎？能廢除我們的家族和家鄉觀念，進而組織一個近代的民族國家嗎？能的話，我們民族的前途是光明的；不能的話，我們這個民族是沒有前途的。因為在世界上，一切國家能接受近代文化者必致富強，不能者必遭慘敗，毫無例外，且接受得愈早愈速就愈好。日本就是一個例子，日本原有土地不過相當中國的一省，原有的文化幾乎全是隋、唐以來自中國學去的。近

四十年以來，日本居然能在國際上做一個頭等的國家，就是因為日本接受近代文化很快。我們還可以把俄國做個例子。俄國在十五～十七世紀也是個落伍的國家，所以那時在西洋的大舞臺上，幾乎沒有俄國的地位。可是在十七世紀末年，正當我們的康熙年間，俄國幸而出了一個大彼得，他以專制皇帝的至尊，變名改姓，微服到西歐去學造船，學煉鋼。後來他又請了許多西歐的技術家到俄國去，幫助他搞維新。那時許多的俄國人反對他，尤其是首都莫斯科的國粹黨。他不顧一切，奮鬥到底，甚至遷都到一個偏僻、但是濱海的涅瓦河旁，因為他想靠海就容易與近代文化發源地的西歐往來。俄國的近代化基礎是大彼得立的，他是俄羅斯民族大英雄之一，所以就連史達林也很推崇他。

　　土耳其的命運也足以表示近代文化左右國家富強力量之大。在十九世紀初年，土耳其帝國的土地橫跨歐、亞、非三洲，土耳其人也是英勇善戰的。但是在十九世紀百年之內，別國的科學、機械和民族主義有一日千里的長進，土耳其卻只知保守。因此土耳其遂受了歐洲列強的宰割。到了1878年以後，土耳其也有少數青年覺悟了非維新不可，但是他們遇著極大的阻力。第一，土耳其的國王，如中國的清朝一樣，並無改革的誠意。第二，因為官場的腐敗，創造新事業的經費都被官僚侵吞、浪費了。國家沒有受到新事業的益處，人民增加了許多的苛捐雜稅，國家似乎愈改革就愈弱愈窮。關於這一點，土耳其的近代史也很像中國的近代史。第三，社會的守舊勢力太大，以致有一個人提倡維新，就有十個人反對。總而言之，土耳其在十九世紀末年的維新是三心二意的，不澈底的，無整個計畫的。其結果是在上次世界大戰中的慘敗，國家幾致於滅亡。土耳其人經過那次大國難以後一致團結起來，擁護民族領袖凱末爾，於是始得復興。凱末爾一心一意為國家服務，不知有他。他認識了時代的潮流，知道要救國非澈底

接受近代的文化不可。他不但提倡科學工業，甚至改革了土耳其的文字，因為土耳其的舊文字太難，兒童費在文字上的時間和腦力太多，能費在實學上的必致減少。現在土耳其立國的基礎算打穩了。

　　日本、俄國、土耳其的近代史大致是前面說的那個樣子。這三國接受了近代的科學、機械及民族主義，於是復興了、富強了。現在我們要研究我們的近代史。我們要注意帝國主義如何壓迫我們。我們要仔細研究每一個時期內的抵抗方案。我們尤其要分析每一個方案成敗的程度和原因。我們如果能找出中國近代史的教訓，我們對於抗戰建國就更能有所貢獻了。

　　乾隆初年，鴉片輸入每年約四百箱，每箱約百斤。乾隆禁止內地商人販賣，但是沒有效果。到了嘉慶初年，輸入竟加了十倍，每年約四千箱。嘉慶下令禁止入口，但是因為官吏的腐敗和查禁的困難，銷路還是繼續增加。

　　道光對於鴉片是最痛心的，對於禁煙是最有決心的。即位之初，他就嚴申禁令，可是在他的時代，鴉片的輸入增加最快。道光元年（1821年）輸入尚只五千箱，道光十五年（1835年），就加到了三萬箱，值價約一千八百萬白銀。中國的銀子漏出，換這有害無益的鴉片，全國上下都認為是國計民生的大患。

　　　　　　　　　　——摘自
第一章第二節　英國人做鴉片買賣

　　英、法的軍隊直向北京推進。
清廷改派怡親王載垣為欽差大臣，
在通州交涉。條件又講好了，但英
使的代表巴夏禮在簽字之前聲明，
英使到北京後，必須向中國皇帝面
遞國書。這是國際間應行的禮節，
但那時中國人認為這是外夷的狂
悖，其居心叵測，中國絕不能容
忍。載垣乃令軍隊捕拿英、法代表
到通州來的交涉人員。這一舉激怒
外人，軍事又起了。

　　咸豐帝原想「親統六師，直抵
通州，以伸天討，而張撻伐」。可
是通州決裂以後，他就逃避熱河，
派恭親王奕訢留守北京。

──摘自

第一章第七節　剿夷派崩潰

　　經過四次的御前會議，西太后乃於五月二十五日向各國同時宣戰。到七月二十日，董福祥的軍隊連同幾萬拳匪，拿著他們的引魂幡、混天大旗、雷火扇、陰陽瓶、九連環、如意鉤、火牌、飛劍及其他法寶，僅殺了一個德國公使，連東交民巷的公使館都攻不破。同時八國聯軍由大沽口進攻，占天津，慢慢地逼近北京。於是西太后同光緒帝逃到西安。李鴻章又出來收拾殘局。

　　　　　　　　　　　　　──摘自
　　第四章第三節　頑固勢力總動員

　　辛亥的秋天，清政府請袁世
凱出來主持大政，正因為當時全國
最精的北洋軍隊是忠於袁世凱的。
中山先生在民國元年之所以把總統
的位置讓給袁世凱也與這個緣故有
關。我們說過，在太平天國以前，
中國並沒有私有的軍隊，有之從湘
軍起。湘軍的組織和精神傳給了淮
軍，淮軍又傳給了北洋軍，以致流
毒於民國。不過湘軍和淮軍都隨著
他們的領袖盡忠於清朝，所以沒有
引起內亂。到了民國，沒有皇帝
了，北洋軍就轉而盡忠於袁世凱。

　　袁死了以後，靠利祿結合的
北洋軍隊當然四分五裂了。大小軍
閥，遍地皆是，他們混打了十年，
他們都是些小袁世凱。

　　　　　　　　　　──摘自
第四章第六節　軍閥割據十五年

第一章

剿夷與撫夷

一、英國請中國訂立邦交

　　在十九世紀以前，中西沒有邦交。西洋沒有派遣駐華的使節，我們也沒有派大使、公使到外國去。此中的緣故是很複雜的。第一，中西相隔很遠，交通也不方便。西洋到中國來的船隻都是帆船。那時沒有蘇伊士運河，中西的交通須繞非洲頂南的好望角，從倫敦到廣州頂快需三個月，因此商業規模也不大。西洋人從中國買的貨物不外絲茶及別的奢侈品。我們的經濟是自給自足的，用不著任何西洋的出品。所以那時我們的國際貿易總有很大的出超。在這種情形之下，邦交原來可以不必有的。

　　還有一個緣故，那就是中國不承認別國的平等。西洋人到中國來，我們總把他們當做琉球人、高麗人看待。他們不來，我們不勉強他們。他們如來，必尊中國為上國並以藩屬自居。這個體統問題、儀式問題就成為邦交的大阻礙，「天朝」是絕不肯通融的。中國那時不

當中國還關起國門做著「天朝上國」的迷夢時，英國人早已取得了海上霸權，使其皇家艦隊馳騁於世界四大洋之上了。

感覺有聯絡外邦的必要，並且外夷豈不是蠻貊之邦，不知禮義廉恥，與他們往來有什麼好處呢？他們貪利而來，天朝施恩給他們，許他們做買賣，藉以羈縻與撫綏而已。假若他們不安分守己，天朝就要「剿夷」。那時中國不知道有外交，只知道「剿夷與撫夷」。政治家分派別，不過是因為有些主張剿，有些主張撫。

那時的通商制度也特別，西洋的商人都限於廣州一口。在明末清初的時候，西洋人曾到過漳州、泉州、福州、廈門、寧波、定海各處。後來一則因為事實的不方便，二則因為清廷法令的禁止，就成立了所謂一口通商制度。在廣州，外人也是不自由的，夏秋兩季是買賣季，他們可以住在廣州的十三行，買賣完了，他們必須到澳門去過冬。十三行是中國政府指定的十三家可以與外國人做買賣的，十三行的行總是十三行的領袖，也是政府的交涉員。所有廣州官吏的命令都

由行總傳給外商，外商上給官吏的呈文也由行總轉遞。外商到廣州照法令不能坐轎，事實上官吏很通融。他們在十三行住的時候，照法令不能隨便出遊，逢八（也就是初八、十八、二十八）可以由通事領導到河南的「花地」去遊一次。他們不能帶軍器進廣州。「夷婦」也不許進去，以防「盤踞之漸」。頂奇怪的禁令是外人不得買中國書，不得學中文。第一個耶穌教傳教士馬禮遜博士的中文教師，每次去授課的時候，身旁必須隨帶一隻鞋子和一瓶毒藥，鞋子表示他是去買鞋子的，而不是去教書的，毒藥是預備萬一官府查出，可以自盡。

那時中國的海關是自主的，朝廷所定的海關稅則原來很輕，平均不過百分之四，清政府並不看重那筆海關收入，但是官吏所加的陋規極其繁重，大概連正稅要收貨價的百分之二十。中國法令規定稅則應該公開，事實上，官吏絕守祕密，以便隨意上下其手。外人每次納稅都經過一種講價式的交涉，因此很不耐煩。

中國那時對於法權並不看重。在中國境內，外國人與外國人的民

圖中所繪為廣州港，岸上建築為各國商館。

刑案件，中國官吏不願過問，那就是說，自動地放棄境內的法權。譬如乾隆十九年（1754年），一個法國人在廣州殺了一個英國人，廣州的府縣最初勸他們自己調解，後因英國堅決要求，官廳始理問。中國人與外國人的民事案件總是由雙方設法和解，因為雙方都怕打官司之苦。倘若中國人殺了外國人，官廳絕不偏袒，總是殺人者抵死，所以外國人很滿意。只有外國人殺中國人的案子麻煩，中國人要求外人交凶抵死。在十八世紀中葉以前，外人遵命者多，以後則拒絕交凶，拒絕接受中國官廳的審理，因為他們覺得中國刑罰太重，審判手續太不高明。

外國人最初對於我們的通商制度雖不滿意，然而覺得既是中國的定章，只好容忍。到了十八世紀末年（乾隆末年，嘉慶初年），外國人的態度就慢慢地變了。這時中國的海外貿易大部分在英國的東印度公司手裡。在廣州的外國人之中，英國已占領了領袖地位。英國此時的工業革命已經起始，昔日的手工業都慢慢地變為機械製造。海外市場在英國的國計民生上一天比一天緊要，中國對通商的限制，英國認為最不利於英國的商業發展。同時英國在印度已戰勝了法國，印度半島全入了英國的掌握。以後再往亞東發展也就更容易了，因為有了印度作為發展的根據地。

當時歐洲人把乾隆皇帝作為一個模範的開明君主看。英國人以為在華通商所遇著的困難都是廣州地方官吏做出來的。倘若有法能使乾隆知道，他必願意改革。乾隆五十六年（1791年）正是乾隆帝滿八十歲的那年，如果英國趁機派使來賀壽，那就能得到一個交涉和促進中、英友誼的機會。廣州官吏知道乾隆的虛榮心，竭力慫恿英國派使祝壽。於是英國乃派馬戛爾尼（Lord Macartney）為全權特使於1792年來華。

馬戛爾尼使節的預備是很費苦心的。特使乘坐頭等兵船，並帶衛

馬戛爾尼使團於1792年9月26日從英國本土的樸資茅斯港出發，於1793年的夏天到達中國，由天津登陸，在北京稍事停頓後就前往承德避暑山莊。最終，英國人被安排在1793年農曆八月十三日這天謁見乾隆皇帝。上圖描繪的即是英國使團在等候皇帝儀仗隊時的場景。觀見時究竟行的何種禮節，中、英雙方記載有很大不同。英國人說馬戛爾尼等人按照觀見英王的禮儀單膝跪地，未曾叩頭；和珅的奏摺卻說，英國使臣等向皇帝行三跪九叩之禮。因雙方記載不同，已很難明其真相。右圖是英國人所繪的觀見時的場景。但無論如何，中國與英國之間的第一次官方接觸是以失敗告終了。隨後，英國使團在沒有完成使命的情況下踏上了歸途。但此次接觸也不是全然沒有意義，他在一定程度上改變了歐洲人對中國的態度，就像馬戛爾尼在訪華後說的：「清政府好比是一艘破爛不堪的頭等戰艦，要擊敗它並不困難。」從此，十八世紀盛行於歐洲的關於中國強盛富庶的看法開始改變。

隊。送乾隆的禮物都是英國上等的出品。用意不外要中國知道英國是個富強而且文明的國家。英政府給馬戛爾尼的訓令要他竭力遷就中國的禮俗，唯必須表示中、英的平等。交涉的目的有好幾個：第一，英國願派全權大使常駐北京，如中國願派大使到倫敦去，英廷必以最優

之禮款待之。第二，英國希望中國加開通商口岸。第三，英國希望中國有固定的、公開的海關稅則。第四，英國希望中國給他一個小島，可以供英國商人居住及貯貨，如同葡萄牙人在澳門一樣。在乾隆帝方面，他也十分高興迎接英國的特使，但是乾隆把他當做一個藩屬的貢使看待，要他行跪拜禮。馬戛爾尼最初不答應，後來有條件地答應。他的條件是：將來中國派使到倫敦去的時候，也必須向英王行跪拜禮；或是中國派員向他所帶來的英王畫像行跪拜答禮。他的目的不外要表示中、英的平等。中國不接受他的條件，也就拒絕行跪拜禮。乾隆帝很不快樂，接見以後，就要他離京回國。至於馬戛爾尼所提出的要求，中國都拒絕了。那次英國和平的交涉算完全失敗了。

十八世紀末年和十九世紀初年，歐洲正鬧法國大革命和拿破崙戰爭，英國無暇顧及遠東商業的發展。等到戰事完了，英國遂第二次派使節來華，其目的大致與第一次同。但是嘉慶給英使的待遇遠不及乾隆，所以英使不但外交失敗，並且私人對中國的感情也不好。

英國有了這兩次的失敗，知道和平交涉的路走不通。

中西的關係是特別的。在鴉片戰爭以前，我們不肯給外國平等待遇；在以後，他們不肯給我們平等待遇。

到了十九世紀，我們只能在國際生活中找出路，但是嘉慶、道光、咸豐年間的中國人，不分漢、滿，仍圖閉關自守，要維持歷代在東方世界的光榮地位，根本否認那個日益強盛的西方世界。我們倘若大膽地踏進大世界的生活，需要高度地改革，不然，我們就不能與列強競爭。但是我們有與外人並駕齊驅的人力、物力，只要我們有此決心，我們可以在十九世紀的大世界上得到更光榮的地位。我們研究中華民族的近代史，必須瞭解近代的邦交是我們的大困難，也是我們的大機會。

二、英國人做鴉片買賣

　　在十九世紀以前，外國沒有什麼大宗貨物是中國人要買的，外國商船帶到中國來的東西只有少數是貨物，大多數是現銀。那時的經濟學者，不分中外，都以為金銀的輸出是於國家有害的。各國都在那裡想法子增加貨物的出口和金銀的進口。在中國的外商，經過多年的試驗，發現鴉片是種上等的商品。於是英國東印度公司在印度獎勵種植，統制運銷。乾隆初年，鴉片輸入每年約四百箱，每箱約百斤。乾隆禁止內地商人販賣，但是沒有效果。到了嘉慶初年，輸入竟加了十倍，每年約四千箱。嘉慶下令禁止入口，但是因為官吏的腐敗和查禁的困難，銷路還是繼續增加。

　　道光對於鴉片是最痛心的，對於禁煙是最有決心的。即位之初，他就嚴申禁令，可是在他的時代，鴉片的輸入增加最快。道光元年（1821年）輸入尚只五千箱，道光十五年（1835年），就加到了三

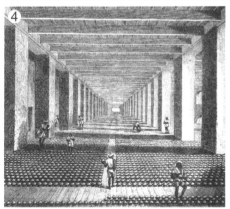

本組圖片展示的是英國東印度公司製造和儲存鴉片的工藝流程：圖1是分撿；圖2是攪拌；圖3是賦形；圖4是乾燥；圖5是倉儲。

萬箱,值價約一千八百萬元。中國的銀子漏出,換這有害無益的鴉片,全國上下都認為是國計民生的大患。廣東有一幫士紳覺得禁煙絕不能實行,因為「法令者,胥役之所藉以為利也,立法愈峻,則索賄愈多」。他們主張一面加重關稅,一面提倡種植,拿國貨來抵外貨,久而久之,外商無利可圖,就不運鴉片進口了。道光十四、五年(1834～1835年)的時候,這一派的議論頗得勢。但是,除許乃濟一人外,沒有一人敢冒天下之大不韙,公開提倡這個辦法。道光十八年(1838年),黃爵滋上了一封奏摺,大聲疾呼主張嚴禁。他的辦法是嚴禁吸食,他說沒有人吸,就沒有人賣,所以吸者應治以死罪:

> 請皇上嚴降諭旨,自今年某月某日起,至明年某月某日止,准給一年限戒煙,倘若一年以後,仍然吸食,是不奉法之亂民,置之重刑無不平允。查舊例,吸食鴉片者僅枷杖,其不

據估算,當時中國人吸食鴉片者大約要占到全國人口的十分之一。鴉片大行其道的原因是多重而複雜的,《廈門志》上甚至記載,當時有不少富裕的人家為了避免孩子跑到外面賭博或惹是生非,不惜以鴉片為誘餌,而把孩子圈在家裡吸食鴉片。圖中所繪的是一名年輕男子因煙癮發作,而持刀威脅自己的母親和妻子。

指出興販者罪止杖一百，徒三年，然皆係活罪。斷癮之苦，甚
於枷杖與徒杖，故甘犯明刑，不肯斷絕。若罪以死論，是臨刑
之慘更苦於斷癮，臣知其情願絕癮而死於家，不願受刑而死於
市。惟皇上既慎用刑之意，誠恐立法稍嚴互相告訐，必至波及
無辜。然吸食鴉片是否有癮無癮，到官熬審，立刻可辨，如非
吸食之人，無大深仇，不能誣枉良善，果係吸食者，究亦無從
掩飾。故雖用刑，並無流弊。

這封奏摺上了以後，道光令各省的督撫討論。他們雖不彰明地反
對黃爵滋，總覺得他的辦法太激烈。他們說吸食者只害自己，販賣者
則害許多別人，所以販賣之罪重於吸食之罪。廣州是鴉片煙的總進
口，大販子都在那裡，要禁煙應從廣州下手。唯獨兩湖總督林則徐完
全贊成黃爵滋的主張，並建議各種實施辦法。道光決定吸食與販賣都
要嚴加禁止，並派林則徐為欽差大臣，馳赴廣州查辦禁煙。林文忠公
（林則徐諡號文忠）是當時政界聲望最好、辦事最認真的大員，士大
夫尤其信任他，他的自信力也不小。他雖然以前沒有辦過「夷務」，
但他對外國人說：「本大臣家居閩海，於外夷一切伎倆，早皆深悉其
詳。」

實在當時的人對禁煙問題都帶了幾分客氣。在他們的私函中，他
們承認禁煙的困難，但是在他們的奏章中，他們總是逢迎上峰的意
旨，唱高調。這種不誠實的行為是中國士大夫階級的大毛病之一。其
實禁煙是個極複雜、極困難的問題。縱使沒有外國的干涉，禁煙已極
其困難，何況在道光年間英國人絕不願意我們實行禁煙呢？那時鴉片
不但是通商的大利，而且是印度政府財政收入之大宗。英國對於我們
獨自尊大、閉關自守的態度已不滿意，要想和我們算一次帳。倘若我
們因鴉片問題給予英國任何藉口，英國絕不惜以武力對付我們。

那次的戰爭我們稱為鴉片戰爭，英國人則稱為通商戰爭，兩方面都有理由。關於鴉片問題，我方力圖禁絕，英方則希望維持原狀：我攻彼守。關於通商問題，英方力圖獲得更大的機會和自由，我方則硬要維持原狀：彼攻我守。就世界大勢論，那次的戰爭是不能避免的。

三、東西對打

　　林則徐於道光十九年（1839年）正月二十五日行抵廣州。經一個星期的考慮和布置，他就動手了。他諭告外國人說：「利己不可害人，何得將爾國不食之鴉片煙帶來內地，騙人財而害人命乎？」他要外國人做兩件事：第一，把已到中國而尚未出賣的鴉片，「盡數繳官」；第二，出具甘結（保證文書），聲明以後不帶鴉片來華，如有帶來，一經查出，甘願「貨盡沒官，人即正法」。外國人不知林則徐的品格，以為他不過是個普通官僚，到任之初，總要出個告示，大講什麼禮義廉恥，實質上還不是在要價？價錢講好了，買賣就可以照常做了。因此他們就觀望、就講價。殊不知林則徐不是那類人：「若鴉片一日未絕，本大臣一日不回，誓與此事相始終，斷無中止之理。」到了二月初十，外人尚不肯交煙，林則徐就下命令，斷絕廣州出海的交通，派兵把十三行圍起來，把行裡的中國人都撤出，然後禁止一切

的出入。換句話說，林則徐把十三行作了外國人的監牢，並且不許人賣糧食給他們。

當時在十三行裡約有三百五十個外國人，連英國商業監督義律（Captain Charles Elliot）在內。他們在裡面當然要受相當的苦，煮飯、洗碗、打掃都要自己動手。但是糧食還是有的，外人預貯了不少，行商又祕密地接濟。義律原想妥協，但是林則徐堅持他的兩種要求。是時英國在中國洋面只有兩隻小兵船，船上的水兵且無法到廣州。義律不能抵抗，只好屈服。他屈服的方法很值得我們注意。他不是命令英國商人把煙交給林則徐，他是教英商把煙交給他，並且由他以商業監督的資格給各商收據，一轉手之間，英商的鴉片變為大英帝國的鴉片。

義律共交出二萬零二百八十箱，共計二百數十萬斤，實一網打盡。這是林文忠的勝利，道光帝也高興極了。他批林的奏摺說：「卿之忠君愛國皎然於域中化外矣。」外人尚不完全相信林真是要禁煙，他們想林這一次發大財了。林在虎門海灘挑了兩個池子，「前設涵洞，後通水溝，先由溝道引水入池，撒鹽其中，次投箱中煙土，再拋石灰煮之，煙灰湯沸，顆粒悉盡。其味之惡，鼻不可嗅。潮退，啟放涵洞，隨浪入海，然後刷滌池底，不留涓滴。共歷二十三日，全數殆盡銷毀。逐日皆有文武官員監視」。外人之來觀者，詳記其事，深讚欽差大臣之坦然無私。

義律當時把繳煙的經過詳細報告英國政府以後，靜待政府的訓令。林文忠的大功告成，似乎可以休手了。並且朝廷調他去做兩江總督，可是他不去。他說：已到的鴉片，既已銷毀，但是以後還可以來。他要澈底禁絕，方法就是要外商人人出具甘結，以後不做鴉片買賣。這個義律不答應，於是雙方又起衝突了。林自覺極有把握，他說，英國的戰鬥力亦不過如此，英國人「腿足纏束緊密，屈伸皆所不

便」。虎門的炮臺都重修過，虎門口他又拿很大的鐵鍊封鎖起來。他又想外國人必須有茶葉、大黃，他禁止茶葉、大黃出口，就可以致外人的死命。那年秋冬之間，廣東水師與英國兩隻小兵船有好幾次的衝突，林報告朝廷，中國大勝，因此全國都是樂觀的。

英國政府接到義律的信以後，就派全權代表懿律（Admiral George Elliot）率領海陸軍隊來華。這時英國的外相是巴麥尊（Lord Palmerston），有名的好大喜功的帝國主義者。他不但索鴉片賠款、軍費賠款，並且要求一掃舊日所有的通商限制和邦交的不平等。懿律於道光二十年（1840年）的夏天到廣東洋面。倘若英國深知中國的國情，懿律應該在廣州與林則徐決勝負，因為林是主戰派的領袖。但英國人的策略並不在此，懿律在廣東，並不進攻，僅宣布封鎖海口。中國人的解釋是英國怕林則徐。封鎖以後，懿律北上，派兵占領定海。定海並無軍備，中國人覺得這是不武之勝。以後義律和懿律就率主力艦隊到大沽口。

定海失守的消息傳到北京以後，清廷憤懣極了。道光下令調陝、甘、雲、貴、湘、川各省的兵到沿海各省，全國腳亂手忙。上面要調兵，下面就請餉。道光帝最怕花錢，於是對林則徐的信任就減少了。七月二十二日他的上諭罵林則徐道：「不但終無實際，反生出許多波瀾，思之曷勝憤懣，看汝以何詞對朕也。」

是時在天津主持交涉者是直隸總督琦善。他下了一番知己知彼的工夫。他派人到英國船上借交涉之名去調查英國軍備，覺得英人的船堅炮利遠在中國之上。他國的汽船，「無風無潮，順水逆水，皆能飛渡」。他們的炮位之下，「設有石磨盤，中具機軸，只需移轉磨盤，炮即隨其所向」。回想中國的設備，他覺得可笑極了。山海關的炮，尚是「前明之物，勉強蒸洗備用」。所謂大海及長江的天險已為外人所據，「任軍事者，率皆文臣，筆下雖佳，武備未諳」。所以他決計

1841年1月7日上午8時，英軍突然向虎門第一重門戶——沙角、大角炮臺進攻。守將陳連升雖率軍堅決抵抗，但因援兵不至，英勇戰死，炮臺遂陷落。圖中所繪為英軍進攻炮臺時，英艦與清水師戰船展開炮戰的場景。此役，清守軍死傷700餘人，帥船、拖船沉毀11艘。1月25日，琦善與義律簽訂《穿鼻草約》。

撫夷。

　　英國外相致中國宰相書，使琦善覺得他的撫夷政策是很有希望的。那封書的前半都是批評林則徐的話，說他如何殘暴武斷，後半提出英國的要求。琦善拿中國人的眼光來判斷那封書，覺得它是個狀紙。林則徐待英人太苛了，英人不平，所以要大皇帝替他們申冤。他就將計就計，告訴英國人說：「上年欽差大臣林等查禁煙土，未能體仰大皇帝大公至正之意，以致受人欺蒙，措置失當。必當逐細查明，重治其罪。惟其事全在廣東，此間無憑辦理。貴統帥等應即返棹南還，聽候欽差大臣馳往廣東，秉公查辦，定能代申冤抑。」至於賠款一層，中國多少會給一點，使英代表可以有面子回國。至於變更通商制度，他告訴英國人，事情解決以後，英人可照舊通商，用不著變更。懿律和義律原不願在北方打仗，所以就答應了琦善回到廣州去交涉，並表示願撤退在定海的軍隊。道光帝高興極了，覺得琦善以三寸之舌竟能說退英國的海陸軍，遠勝林則徐的孟浪多事。於是下令內地各省的軍隊概歸原防，「以節糜費」。同時革林則徐的職，讓琦善去

代替他。

　　琦善到了廣東以後，他發現自己把事情看得太容易了。英國人堅持賠款和割香港或加開通商口岸，琦善以為與其割地，不如加開通商口岸，但是怕朝廷不答應，所以只好慢慢講價，稽延時日，英人不耐煩，遂於十二月初開火了。大角、沙角失守以後，琦善遂和義律訂立條約，賠款六百萬元，割香港與英國，以後給予英國平等待遇。道光不答應，罵琦善是執迷不悟，革職鎖拿，家產查抄入官，同時調大兵赴粵剿辦。英國政府也不滿意義律，另派代表及軍隊來華。從這時起，中、英雙方皆一意主戰，彼此絕不交涉。英國的態度很簡單：中國不答應他的要求，他就不停戰。道光也是很倔強：一軍敗了，再調一軍。中國兵士有未出戰而先逃者，也有戰敗而寧死不降不逃者。將帥有戰前妄自誇大而臨戰即後退者，也有鞠躬盡瘁死而後已者，如關天培、裕謙、海齡諸人。軍器不如人，自不待說；紀律不如人，精神不如人，亦不可諱言。人民有些甘做漢奸，有些為飢寒所迫，投入英軍做苦力。到了道光二十二年（1842年）的夏天，英軍快要攻入南京的時候，清廷知道沒有辦法，不能再抵抗，於是接受英國要求，訂立《南京條約》。

四、民族喪失二十年的光陰

　　鴉片戰爭失敗的根本理由是我們的落伍。我們的軍器和軍隊是中古的軍隊，我們的政府是中古的政府，我們的人民，連士大夫階級在內，是中古的人民。我們雖拼命抵抗終歸失敗，那是自然的，逃不脫的。從民族的歷史看，鴉片戰爭的軍事失敗還不是民族致命傷。失敗以後還不明了失敗的理由力圖改革，那才是民族的致命傷。倘使同治、光緒年間的改革移到道光、咸豐年間，我們的近代化就要比日本早二十年。遠東的近代史就要完全變更面目。可惜道光、咸豐年間的人沒有領受軍事失敗的教訓，戰後與戰前完全一樣，麻木不仁，妄自尊大。直到咸豐末年，英、法聯軍攻進了北京，然後有少數人覺悟了，知道非學西洋不可。所以我們說，中華民族喪失了二十年的寶貴光陰。

　　為什麼道光年間的中國人不在鴉片戰爭以後就開始維新呢？此中

道光帝，愛新覺羅．旻寧（1782～1850年），清軍入關之後的第六位皇帝。他在位期間力行節儉，勤於政務，但清王朝在其統治時期卻進一步衰落。鴉片戰爭敗給英國之後，他苟安姑息，得過且過，沒有採取任何向西方學習、振興王朝的措施。

緣故雖極複雜，但是值得我們研究。第一，中國人的守舊性太重。中國文化有了這幾千年的歷史，根深蒂固，要國人承認有改革的必要，那是不容易的。第二，中國文化是士大夫階級的生命線。文化的搖動，就是士大夫飯碗的搖動。我們一實行新政，科舉出身的先生們就有失業的危險，難怪他們要反對。第三，中國士大夫階級（知識階級和官僚階級）最缺乏獨立的、大無畏的精神。無論在哪個時代，總有少數人看事較遠較清，但是他們怕清議的指摘，默而不言，林則徐就是個好例子。

　　林則徐實在有兩個，一個是士大夫心目中的林則徐，一個是真正

的林則徐。前一個林則徐是主剿的，他是百戰百勝的。他所用的方法都是中國的古法。可惜奸臣琦善受了英人的賄賂，把他驅逐了。英人未去林之前，不敢在廣東戰；既去林之後，當然就開戰。所以士大夫想，中國的失敗不是因為中國的古法不行，是因為奸臣誤國。當時的士大夫得了這樣的一種印象，也是很自然的。林的奏章充滿了他的自信心，可惜自道光二十年（1840年）夏天定海失守以後，林沒有得到機會與英國比武，難怪中國人不服輸。

真的林則徐是慢慢地覺悟了的。他到了廣東以後，就知道中國軍器不如西洋，所以他竭力買外國炮，買外國船，同時他派人翻譯外國所辦的刊物。他把在廣東所搜集的材料，給了魏默深。魏源後來把這些材料編入《海國圖志》。這部書提倡以夷制夷，並且以夷器制夷。後來日本的文人把這部書譯成日文，促進了日本的維新。林雖有這種

魏源（1794～1857年），字默深，清代啟蒙思想家、政治家、文學家。他和林則徐一起成為近代中國「睜眼看世界」的首批代表，是他提出了「師夷長技以制夷」的主張，這是中國思想從傳統轉向近代的重要標誌。

覺悟，但他怕清議的指摘，不敢公開地提倡。清廷把他謫戍伊犁，他在途中曾致書友人說：

> 彼之大炮遠及十里內外，若我炮不能及彼，彼炮先已及我，是器不良也。彼之放炮如內地之放排槍，連聲不斷。我放一炮後，須輾轉移時，再放一炮，是技不熟也。求其良且熟焉，亦無他深巧耳。不此之務，既遠調百萬貔貅，恐只供臨敵之一哄。況逆船朝南暮北，惟水師始能尾追，岸兵能頃刻移動否？蓋內地將弁兵丁雖不乏久歷戎行之人，而皆睹面接仗。似此之相距十里八里，彼此不見面而接仗者，未之前聞。徐嘗謂剿匪八字要言，器良技熟，膽壯心齊是已。第一要大炮得用，今此一物置之不講，真令岳、韓束手，奈何奈何！

這是他的私函，道光二十二年（1842年）九月寫的。他請他的朋友不要給別人看。換句話說，真的林則徐，他不要別人知道。難怪他後來雖又做陝甘總督和雲貴總督，他總不肯公開提倡改革。他讓主持清議的士大夫睡在夢中，他讓國家日趨衰弱，而不肯犧牲自己的名譽去與時人奮鬥。林文忠無疑是中國舊文化最好的產品。他尚以為自己的名譽比國事重要，別人更不必說了。士大夫階級既不服輸，他們當然不主張改革。

主張撫夷的琦善、耆英諸人雖把中外強弱的懸殊看清楚了，而且公開地宣傳了，但是士大夫階級不信他們，而且他們無自信心，對民族亦無信心，只聽其自然，不圖振作，不圖改革。我們不責備他們，因為他們是不足責的。

五、不平等條約開始

　　道光二十二年（1842年）八月二十九日在南京所訂的《南京條約》，不過是戰後新邦交及新通商制度的大綱。次年的《虎門條約》才規定細則。若要知道戰後的整個局面應該把兩個條約合併起來研究。我們應該注意的有下列幾點：第一，賠款二千一百萬兩；第二，割香港；第三，開放廣州、廈門、福州、寧波、上海為通商口岸；第四，海關稅則詳細載明於條約，非經兩國同意不能修改，是即所謂協定關稅；第五，英國人在中國只受英國法律和英國法庭的約束，是即所謂治外法權；第六，中、英官吏平等往來。

　　當時的人對於這些條款最痛心的是五口通商。他們覺得外人在廣州一口通商的時候已經不易防範，現在有五口通商，外人可以橫行天下，防不勝防。直到前清末年，文人憂國者莫不以五口通商為後來的禍根。五口之中，他們又以福州為最重要，上海則是中、英雙方所不

其實早在《穿鼻草約》簽訂之後，英國人就已迫不及待地占領了香港，隨後清政府曾試圖用武力予以收復，道光皇帝還為此下發多道諭旨，但清軍始終不能達成目的。這是因為英國人早就認為香港有成為東亞地區優良港口的潛力。在英國占領香港前，香港基本上就是一個荒島，島上只有南部和東部有一些小漁村，全島居民總共約有3,000人。此圖即是當時畫家對香港的描繪。1860年，清政府又割讓九龍半島給英國；1898年，新界亦被英國強行租借。至此，香港地區遂全部歸英國人管理。

重視的。割讓土地當然是時人所反對的，也應該反對的。但是香港在割讓以前毫無商業的或國防的重要。英人初提香港的時候，北京還不知道香港在哪裡。時人反對割地，不是反對割香港。

協定關稅和治外法權是我們近年所認為不平等條約的核心，可是當時的人並不這樣看。治外法權，在道光時代的人的眼中，不過是讓夷人管夷人。他們想那是最方便、最省事的辦法。至於協定關稅，他們覺得也是方便省事的辦法。每種貨物應該納多少稅都明白地載於條約，那就可以省除爭執。負責交涉條約的人如伊里布、耆英、黃恩彤諸人，知道戰前廣東官吏的苛捐雜稅是引起戰爭原因之一，現在把關

稅明文規定，豈不是一個釜底抽薪、一勞永逸的辦法？而且新的稅則平均到百分之五，比舊日的自主關稅還要略微高一點。負交涉責任者計算以後海關的收入比以前還要多，所以他們揚揚得意，以為是他們的外交成功。其實他們犧牲了國家的主權，貽害不少。總而言之，道光年間的中國人，完全不懂國際公法和國際形勢，所以他們爭所不當爭，放棄所不應當放棄的。

我們與英國訂了這種條約，實因為萬不得已，如別的國家來要求同樣的權利，我們又怎樣對付呢？在鴉片戰爭的時候，國內分兩派，剿夷派和撫夷派。前者以林則徐為領袖，後者以琦善為領袖。戰爭失敗以後，撫夷派當然得勢了。這一派在朝者是軍機大臣穆彰阿，在外的是伊里布和耆英。中、英訂了條約以後，美、法兩國就派代表來華，要求與中國訂約。撫夷派的人當然不願意與美國、法國又打仗，所以他們自始就決定給美、法的人平等的待遇。他們說，倘若中國不給，美、法的人大可以假冒英人來做買賣，我們也沒有法子查出。這樣做下去，美、法的人既靠英國人，勢必與英國人團結一致，來對付我們。假使中國給美、法通商權利，那美國、法國必將感激中國。我們或者還可聯合美、法來對付英國。並且伊里布、耆英諸人以為中國的貿易是有限的，這有限的貿易不讓英國獨占，讓美、法分去一部分，與中國並無妨礙，中國何不做個順水人情？英國為避免別國的妒忌，早已聲明他歡迎別國平等競爭。所以美國、法國竟能和平與中國訂約。

不平等條約的根源，一部分由於我們的無知，一部分由於我們的法制未達到近代文明的水平。

六、剿夷派又抬頭

　　在鴉片戰爭以前，廣州與外人通商已經三百多年，好像廣州人應該比較知道外國的情形，比別處的中國人應該更能與外人相安無事。其實不然，五口通商以後，唯獨廣州人與外人感情最壞，衝突最多。此中原因複雜：第一，英國在廣州受了多年的壓迫，無法出氣，等到他們打勝了，他們覺得他們出氣的日子到了，他們不能平心靜氣地原諒中國人，因受了戰爭的痛苦而對他們自然不滿意，自然帶幾分的仇視；第二，廣東地方官商最能感覺《南京條約》給他們私人利益的打擊。在鴉片戰爭以前，因為中外通商集中於廣州，地方官吏不分大小，都有發大財的機會。《南京條約》以後，他們的意外財源都禁絕了，難怪他們要恨外國人。商人方面也是如此。在戰前，江、浙的絲茶都由陸路經江西，過梅嶺，而由廣州的十三行賣給外國人。據外人的估計，伍家的怡和行在戰前有財產八千多萬，恐怕是當時世界上最

愛新覺羅・耆英（1787～1858年），字介春，隸滿洲正藍旗，清朝宗室，是中國近代史上首個不平等條約——《南京條約》簽訂的中方代表之一。1843年，耆英又與英國簽訂《中英五口通商章程》和《虎門條約》。1844年，他與美國簽訂了《望廈條約》，與法國簽訂了《黃埔條約》。1858年，第二次鴉片戰爭期間，咸豐帝賜其自盡。

富的資本家。《南京條約》以後，江、浙的絲茶，外人直接到江、浙去買，並不經過廣州。五口之中，上海日盛一日，而廣州則日形衰落。不但富商受其影響，就是勞工直接間接受影響的都不少，難怪民間也恨外國人。

仇外心理的表現之一就是殺外國人，他們到郊外去玩的時候，鄉民出其不意，就把他們殺了。耆英知道這種仇殺一定要引起大禍，所以竭力防禦，絕不寬容。他嚴厲地執行國法，殺人者處死，這樣一來，士大夫罵他是洋奴。他們說：官民應該一致對外，哪可以壓迫國民以順夷情呢？因此耆英在廣東的地位，一天困難一天。

在廣東還有外人進廣州城的問題。照常識來看，許外國人到廣州城裡去似乎是無關宏旨的。在外人方面，不到廣州城裡去似乎也沒任何損失。可是這個入城問題竟成了和戰問題。在上海，就全無這種糾紛。《南京條約》以後，外人初到上海的時候，他們在上海城內租借民房，後來他們感覺城內街道狹小，衛生情形也不好，於是請求在城外劃一段地作為外人居留地區。上海道臺也感覺華洋雜處，不便管理，乃劃洋涇濱以北的小塊地作為外人住宅區。這是上海租界的起源。廣州十三行原在城外，鴉片戰爭以前，外人是不許入城的。廣州

鴉片戰爭之後，英、法、美三國的鴉片商沆瀣一氣，借五口通商之便，肆無忌憚地出售鴉片，並積極地向北方沿海城市和中國內地推進。圖中所繪是鴉片戰爭後，廣州重要商埠沙面的景象。

有些鴉片商，如英商怡和洋行，為了快速擴充鴉片貿易，專門設計和製造了一種「躉船」，其上裝滿鴉片，並使之遍布於中國東南沿海各主要港口，尤以香港和上海居多。將這些躉船與往返於中印間的運輸快船聯合起來，就可以很快組成一支運輸鴉片的大船隊，英國人將其稱為「中國沿海分銷系統」。

人簡直把城內當作為神聖之地，外人倘進去，就好像於尊嚴有損。外人也是爭意氣：他們以為不許他們入城，就是看不起他們。耆英費盡苦心調停外人與廣州人民之間，不料雙方愈演愈起勁。道光二十七年（1847年），英人竟兵臨城下，要求入城。耆英不得已，許於兩年後准外人入城。希望在兩年之內，或者中外感情可以改良，入城可以不成問題。但當時人民攻擊耆英者多，於是道光調他入京，而升廣東巡撫徐廣縉為兩廣總督。道光給徐的上諭，很清楚地表示他的態度：

> 疆寄重在安民，民心不失，則外侮可弭。嗣後遇有民夷交涉事件，不可瞻徇遷就，有失民心。至於變通參酌，是在該署督臨時加意權衡體察。總期以誠實結民情，以羈縻辦夷務，方為不負委任。

徐廣縉升任總督以後，就寫信問林則徐馭夷之法。林回答說：「民心可用。」道光的上諭和林則徐的回答都是士大夫階級傳統的高調和空談。僅以民心對外人的炮火當然是自殺。民心固不可失，可是一般人民懂得什麼國際關係？主政者應該負責指導輿論。如不指導，或指導不生效，這就是政治家的失敗。徐廣縉也是怕清議的指責，也是把自己的名譽看得重，國家的事看得輕。當時廣東巡撫葉名琛比徐廣縉更頑固。他們繼承了林則徐的衣缽，他們上臺就是剿夷派的抬頭。

道光二十九年（1849年），兩年後許入城的約到了期。英人根據條約提出要求，廣州的士大夫和民眾一致反對。徐廣縉最初猶豫，後亦無可奈何，只好順從民意。葉名琛自始即堅決反對履行條約。他們的辦法分兩層：第一，不與英人交易；第二，組織民眾。英人這時不願為意氣之爭與中國決裂，所以除聲明保存條約權利以外，沒有別的舉動。徐、葉認為這是他們的大勝利，事後他們報告北京說：

計自正月二十七日至三月二十日，居民則以工人，鋪戶則以夥計，均擇其強壯可靠者充補。挨戶註冊，不得在外僱募。公開籌備經費，製造器械，添設柵欄，共團勇至十萬餘人。無事則各安工作，有事則立出捍衛。明處則不見荷戈執戟之人，暗中實皆折衝禦侮之士。（朱批：朕初不料卿等有此妙用。）眾志成城，堅逾金石，用能內戢土匪，外警猾夷。

為紀念勝利，道光帝賞了徐廣縉子爵，世襲雙眼花翎；葉名琛男爵，世襲花翎。道光又特降諭旨，嘉勉廣州民眾：

我粵東百姓素稱驍勇。乃近年深明大義，有勇知方，固由化導之神，亦係天性之厚。朕念其翊戴之功，能無惻然有動於中乎！

道光三十年（1850年）年初道光死了，咸豐即位。在咸豐年間，國內有太平天國的內戰，對外則剿夷派的勢力更大。道光三十年（1850年）五月，有個御史曹履泰上奏說：

查粵東夷務林始之而徐終之，兩臣皆為英夷所敬畏。去歲林則徐乞假回籍，今春取道江西養疾使此日英夷頑梗不化，應請旨飭江西撫臣速令林則徐趕緊來京，候陛見後，令其協辦夷務，庶幾宋朝中國復相司馬之意。若精神尚未復原，亦可養屙京中，勿遽回籍。臣知英夷必望風而靡，伎倆悉無可施，可永無宵旰之慮矣。

咸豐也很佩服林則徐，當即下令教林來京。林的運氣真好：他病大重，之後不久就死了，他的名譽藉此保存了。

七、剿夷派崩潰

　　林則徐死了，徐廣縉離開廣東打太平天國去了。在廣東負外交重任的是葉名琛。他十分輕視外人，自然不肯退讓。在外人方面，他們感覺已得的權利不夠，他們希望加開通商口岸。舊有的五口只包括江、浙、閩、粵四省海岸，現在他們要深入長江，要到華北。其次他們要派公使駐北京。此外他們希望中國地方官吏不拒絕與外國公使領事往來。最後他們要求減輕關稅並廢除釐金。這些要求除最後一項外，並沒有什麼嚴重的性質。但是咸豐年間的中國人反而覺得稅收一項倒可通融，至於北京駐使，長江及華北通商及官吏與外人往來各項有關國家的生死存亡，絕對不可妥協。

　　咸豐四年（1854年），英、美兩國聯合要求修改條約。當時中國沒有外交部，所有的外交都由兩廣總督辦理。葉名琛的對付方法就是不交涉。外人要求見他，他也不肯接見。英、美兩國的代表跑到江蘇

去找兩江總督，他勸他們回廣州去找葉名琛。他們後來到天津，地方當局只允奏請皇帝施恩稍微減免各種稅收，其餘一概拒絕。總而言之，外人簡直無門可入。他們知道要修改條約只有戰爭一條路。

咸豐六年（1856年），葉名琛派兵登香港註冊之亞羅船上去搜海盜，這一舉動給了英國人開戰的口實。不久，法國傳教士馬神父在廣西西林被殺，葉名琛不好好處理，又得罪了法國。於是英、法聯軍來和我們算總帳。

咸豐七年（1857年）冬天，英法聯軍首先進攻廣東。士大夫階級所依賴的民心竟毫無力量。英、法不但打進廣州，而且把總督、巡撫都俘虜了。葉後來被押送印度，死在加爾各答。巡撫柏貴出來做英、法的傀儡，維持地方治安。民眾不但不抵抗，且幫助英國人把藩臺衙

1857年12月29日上午，廣州城牆被英法聯軍大炮攻破，下午戰役即終止，聯軍僅以陣亡15人的代價就宣告了廣州的淪陷。隨後，聯軍搶劫了清政府衙門倉庫裡的物資，並在廣州城內大肆放火和搶劫。圖中所繪即為聯軍士兵帶著搶來的財物準備返回駐地的場景。

在英法聯軍占領廣州期間，當地人民亦進行了不屈不撓的鬥爭。譬如廣州附近就有鄉民在佛山鎮成立團練局，一度集合數萬人。此時，很多鄉間田地都成了抵抗的戰場。

1858年1月5日，英法聯軍逐一搜查各個衙門。當搜查到左副都統署時，發現了不肯逃亡的兩廣總督葉名琛，遂將其擒獲，並押至英艦送往印度加爾各答，不久死去。為了恢復廣州的秩序，聯軍成立英法總局。1月9日，柏貴復職廣東巡撫，與英法總局共同治理廣州，但卻沒有實權。這也是中國近代史上第一個傀儡政權。圖中著袍服者即為柏貴，後面站立者為廣州將軍穆克德納。

1858年5月20日，大沽口海面的英法聯軍照會清政府限其2小時內交出大沽炮臺，遭到拒絕，隨後聯軍艦隊開炮轟擊。中午，大沽炮臺失守。26日，聯軍占領天津。圖中所繪為英法艦隊進攻大沽炮臺的場景。

門的庫銀抬上英船。

　　咸豐八年（1858年），英法聯軍到大沽口。交涉失敗，於是進攻。我們迫不得已簽訂《天津條約》，接受英、法的要求，於是英、法撤退軍隊。

　　清廷對於北京駐使及長江通商始終不甘心，總要想辦法挽回。清廷派桂良和花沙納到上海，名為交涉海關細則，實則想取消《天津條約》。為達到這個目的，清廷準備付出很大的代價。只要英、法放棄北京駐使，長江開通商口岸，清廷願意以後全不收海關稅。幸而桂良及何桂清反對這個辦法，所以《天津條約》未得挽回。清廷另一方面派科爾沁親王僧格林沁在大沽口布防。僧格林沁是當時著名勇將之一，辦事極認真。

　　咸豐九年（1859年），英、法各國代表又到大沽口，預備進京去交換《天津條約》的批准證書。他們事先略聞中國要修改《天津條約》，並在大沽口設防，所以他們北上的時候，隨帶相當海軍。到了大沽口，看見海河已堵塞，他們嘖嘖不平，責中國失信，並派船拔取防禦設備，僧格林沁就令兩岸的炮臺出其不意同時開炮。英、法的船

1859年6月25日黎明，英國海軍司令賀布少將親率聯軍艦艇12艘（其中有英國淺水蒸汽炮艦11艘，法國淺水蒸汽炮艦1艘），向海河口開進。他的作戰計畫是：炮艦衝過河口的防禦設施，在炮臺的上游處占據有利陣位，進而與留在海面上的艦隊一起兩面夾攻，然後在炮艦的火力掩護下，海軍陸戰隊從正面登陸，迅速奪取炮臺。

可在行動的過程中，聯軍士兵發現河口兩岸的炮臺上毫無動靜，一位參戰的英國士兵曾回憶說：「所有炮臺都像怪物似地沉睡在沙岸上，聽不到它們的一點聲音，也看不到什麼旗幟。」下午15時，就在海河口的第一道障礙物被拆毀時，兩岸炮臺上的大炮突然間一起開火，給予聯軍艦隊重大殺傷，就連賀布本人也身受重傷。隨後，聯軍的數次反擊均被清軍擊退。

此役，是清軍取得的一次重大勝利，共擊沉敵艦4艘、重創6艘、俘虜2艘，斃傷英軍426人、法軍14人，俘虜英、美士兵各1人；而清軍僅陣亡38人。戰後，僧格林沁對這次戰役的評論是：「該夷此次之敗，率因驕傲欺敵。其意以為炮臺營壘垂手可得，水戰失利，繼之步卒。是該夷不信中國敢於一戰。」

此圖是當時英國人所繪的此次戰役形勢圖。

隻竟無法抵抗。陸戰隊陷於海灘的深泥，亦不能登岸。他們只有宣告失敗，等國內增派軍隊。

　　咸豐九年（1859年）的冬季及十年（1860年）的春季，正是清廷與太平天國內戰最緊急的時候。蘇州被太平軍包圍，危在旦夕。江、浙的官吏及上海、蘇州一帶的紳士聽見北方又與英、法開戰，簡直驚慌極了，因為他們正竭力尋求英、法的援助來對付太平軍。所以他們對北京再三請求撫夷，說明外人兵力之可畏及長江下游局勢之險急。清廷雖不許他們求外人的援助，恐怕示弱於人，但外交政策並不因大沽口的勝利而轉強硬。北京此時反願意承認《天津條約》。關於大沽口的戰事，清廷的辯護亦極有理。倘使英、法各國代表的真意旨是在進京換約，何必隨帶重兵？海河既為中國領河，中國自有設防的權力，而這種防禦或者是對太平軍，並非對外仇視的表示。海河雖阻塞，外國代表尚可在北塘上岸，由陸路進北京。中國根據以上理論的宣傳頗生效力。大沽口之役以後，英、法並不堅持要報復，要雪恥。他們只要求賠償損失及其他不關重要之條約解釋與修改。這種《天津條約》以外的要求遂成為咸豐十年（1860年）英法聯軍的起因。

　　咸豐十年（1860年），英、法的軍隊由側面進攻大沽口炮臺，僧格林沁不能支持，連天津都不守了。清廷又派桂良等出面在天津交涉。格外的要求都答應了。但到簽字的時候，一則英、法代表要求率衛隊進京，二則因為他們以為桂良的全權證書不合格式，疑他的交涉不過是中國的緩兵之計，所以又決裂了。英、法的軍隊直向北京推進。清廷改派怡親王載垣為欽差大臣，在通州交涉。條件又講好了，但英使的代表巴夏禮在簽字之前聲明，英使到北京後，必須向中國皇帝面遞國書。這是國際間應行的禮節，但那時中國人認為這是外夷的狂悖，其居心叵測，中國絕不能容忍。載垣乃令軍隊捕拿英、法代表到通州來的交涉人員。這一舉激怒外人，軍事又起了。

1860年9月18日，英法聯軍攻陷通州。9月21日，僧格林沁率清軍與英法聯軍在八里橋展開激戰，遭到慘敗。次日，咸豐帝倉皇逃往熱河（今河北承德），恭親王奕訢留守北京負責和議。就在英法聯軍進攻北京時，俄使伊格納季耶夫向聯軍提供了北京城的布防情況。10月13日，聯軍攻入安定門，控制北京城。圖中所繪為清軍與聯軍激戰於安定門下的場景。

咸豐帝原想「親統六師，直抵通州，以伸天討，而張撻伐」。可是通州決裂以後，他就逃避熱河，派恭親王奕訢留守北京。奕訢是咸豐的親弟，這時只二十八歲。他當然毫無新知識。咸豐八年（1858年）天津交涉的時候，他竭力反對長江通商，捕拿外國交涉代表最初也是他提議的，所以他也是屬於剿夷派的。但他是個有血性的人，且真心為國圖謀。他是清朝後百年宗室中之賢者。在道、咸時代，一般士大夫不明天下大勢是可原諒的，但是戰敗以後而仍舊虛驕，如附和林則徐的剿夷派，或是服輸而不圖振作，不圖改革，如附和耆英的撫夷派，那就不可救藥了。恭親王把握政權以後，天下大勢為之一變。他雖缺乏魄力，但有文祥做他的助手。文祥雖是親貴，但他的品格可說是中國文化的最優代表，他為人十分廉潔，最盡孝道。他可以做督撫，但因為有老母在堂，不願遠行，所以堅辭。他辦事負責而認真，且不怕別人的批評。我們如細讀《文文忠年譜》，我們覺得他真是一個「先天下之憂而憂，後天下之樂而樂」的大政治家。

奕訢與文祥在元首逃難，京都將要失守的時候，接受大命。他們最初因無外交經驗，不免舉棋不定。後來把情勢看清楚了，他們就毅然決然承認外人的要求，與英、法訂立《北京條約》。條約簽訂以後，英、法退軍，中國割讓廣東新安縣的九龍半島給英國。咸豐八年（1858年）的《天津條約》和十年（1860年）的《北京條約》是三年的戰爭和交涉的結果。條款雖很多，主要的是北京駐使和長江通商。歷史上的意義不外從此中國與西洋的關係更密切了。這種關係固可以為禍，亦可以為福，看我們振作與否。奕訢與文祥絕不轉頭回看，留戀那已去不復回的閉關時代。他們大著膽向前進，到國際生活中去找新出路。我們研究近代史的人所痛心的，就是這種新精神不能出現於鴉片戰爭以後，而出現於二十年後的咸末同初。一寸光陰一寸金，個人如此，民族更如此。

1860年10月6日，英法聯軍繞經北京城東北郊直撲圓明園。當時，從通州敗退的僧格林沁殘部在城北一帶稍事抵抗後即行逃散。隨後，聯軍即不費吹灰之力占領了圓明園。當英國公使額爾金看到之前在通州談判時被抓走，而此時被放回的談判人員時，他極其憤怒，因為被抓走的39人中已有20人死去，而且他們普遍受到了殘酷的虐待。額爾金決定火燒圓明園，因為這些人就被關押在這座皇家園林裡。10月18日，額爾金在北京城張貼了告示，他說：「任何人，無論貴賤，皆需為其愚蠢的欺詐行為受到懲戒，將以火燒圓明園，作為對清國皇帝食言的懲戒，作為違反休戰協定之報復。與此無關人員皆不受此行動影響，惟清政府為其負責。」圖中所繪為聯軍在火燒圓明園之前對其進行大肆劫掠的場景。

1860年11月，英法聯軍依約從北京撤走。次年1月20日，由奕訢提議，咸豐帝批准成立總理各國事務衙門，這是專門辦理洋務及外交事務的中央機構。其不僅主管外交事務、派出駐外國使節，還兼管通商、海防、關稅、路礦、郵電、軍工、翻譯，以及派遣留學生等事務。圖中所繪為總理各國事務衙門中的官員，左二為毛昶熙，向右依次為奕訢、文祥、董恂、沈桂芬和成林。

禾乃師贖病主楊
左輔正軍師東王楊
右弼又正軍師西王蕭

真天命太平天囯

誥諭四民各安常業毋　照得

天意既定人心宜從

天既生

　真主以御民則民自宜傾心而向化慨自胡奴擾亂中國

以來率民拜邪神而棄

　真神叛逆

上帝倡民變妖類迥非人類觸怒

皇天爰且暴虐我黎庶殘害我生靈肆銅臭之熏天令斯文以

掃地農工作苦歲受其殃商賈通往關徵其稅四海傷

心中原怨目

本軍師奉

天命之用休不忍斯民於塗炭創義旗以剿妖胡興

王師以滅魔鬼乃郡縣所經如行時雨旌旗所指猶解倒

洪秀全與曾國藩

一、舊社會走循環套

　　第一章已經討論了道光、咸豐年間自外來的禍患。我們說過那種禍患是不可避免的，因為我們無法阻止西洋科學和機械的勢力，使其不到遠東來。我們也說過，我們本可以轉禍為福，只要我們大膽地接受西洋近代文化，以我們的人力物力，倘若接受了科學機械和民族精神，我們可以與別國並駕齊驅。在國際生活中，取得極光榮的地位。可是道光時代的人不此之圖。鴉片之役雖然敗了，他們不承認是敗了。主戰的剿夷派及主和的撫夷派，在戰爭之後，正如在戰爭之前，均未圖振作。直到受了第二次戰敗的教訓，然後有人認識時代的不同而思改革。

　　在沒有敘述同治、光緒年間的新建設以前，我們試著再進一步地研究道、咸年間中國的內政。在近代史上外交雖然要緊，內政究竟是決定國家強弱的根本要素。譬如第一次世界大戰以前，德國的外交失

敗了，所以戰爭也失敗了。然而因為德國內政健全，戰後尚不出二十年，它又恢復它的地位了，這就是自力更生。

不幸到了十九世紀，我們的社會、政治、經濟都已到腐爛不堪的田地。據前清政府的估計，中國的人口在康熙四十年（1701年）約有二千萬；到了嘉慶五年（1800年）增加到三萬萬。百年之內竟有十五倍的增加！這種估計雖不可靠，然而中國人口在十八世紀有很大的增加，這是毫無疑問的。十七世紀是個大屠殺的世紀。開初有明朝末年的內亂，後又有明、清的交戰及清政府有計畫地屠殺漢人，如揚州十日及嘉定屠城。我們也不要忘記張獻忠在四川的屠殺。近來中央研究院發表了很多明、清史料，其中有一件是康熙初年四川某縣知事的人口年報，那位縣老爺說他那縣的人口，在大亂之後只有九百餘人，而在一年之內，老虎又吃了一大半！康熙、雍正、乾隆三朝是大亂之後

康熙帝，愛新覺羅·玄燁（1654～1722年），是清朝的第四位皇帝，他14歲親政，在位61年，是中國歷史上在位時間最長的皇帝。康熙皇帝奠定了清朝興盛的根基，開創出康乾盛世的局面，被後世有些學者尊為「千古一帝」。歷史學家呂思勉曾評價道：「聖祖（康熙廟號）是個聰明特達的君主。他樂於求學，勤於辦事。於天文、地理、律曆、算術……學問，多所通曉。又頗能採用西洋的學問……他能勵精圖治，確是實在的……能儉於用財，也確是真的。所以當三藩平後，國內已無戰事，政治亦頗清明，百姓就得以休養生息。」

的大治，於是人口增加。這是中國幾千年來的圈套，演來演去，就是聖賢也無法脫逃。

那時的人一方面不知利用科學節制生育；另一方面又不知利用科學增加生產。在大亂之後，大治之初，人口減少，有荒可墾，故人民安居樂業，生活水平略為提高。這是老百姓心目中的黃金時代。後來人口一天多過一天，荒地則一天減少一天，而且新墾的地不是土質不好，就是水源不足，於是每人耕地的面積減少，生活程度降低。老百姓莫名其妙，只好燒香拜佛，嗟嘆自己的命運不好。士大夫和政府縱使有救世之心，亦無救世之力，只好聽天災人禍自然演化。等到土匪一起，人民更不能生產，於是小亂變為大亂。

中國歷史還有一個循環套。每朝的開國君主及元勳大部分起自民間，自奉極薄，心目中的奢侈標準是很低的，而且比較能體恤民間的疾苦，辦事亦比較認真，這是內政昌明吏治澄清的時代。後來慢慢地統治階級的欲望提高，奢侈標準隨之提高，因此官吏的貪汙亦大大地長進。而且舊社會裡，政界是才子唯一的出路，不像在近代文化社會裡，有志之士除做官以外，可以經營工商業，可以行醫，可以做新聞

此圖名為《弘曆雪景行樂圖》，圖中央坐椅中者即為乾隆皇帝弘曆。他在位期間，清朝達到了「康乾盛世」以來的最高峰，但是其統治後期則奢靡之風大起，吏治有所敗壞，多地爆發起義，並且閉關鎖國的政策也達到了最高，使清朝統治出現了危機。

記者、大學教授、科學家、發明家、探險家、音樂家、美術家、工程師，且都名利兩全，其所得往往還在大官之上。有人說：中國舊日的社會很平等，因為官吏都是科舉出身，而且舊日的教育是很不費錢的。這種看法，過於樂觀。前清一代的翰林，哪一個在未得志以前，曾經下過苦力？我們可以進一步地問，前清一代的翰林，哪一個的父親曾下過苦力？林則徐、曾國藩是前清有名的貧苦家庭的子弟，但是細考他們的家世，我們就知道他們的父親是教書先生，不是勞力者。中國舊日的資本家有幾個不是做官起家？中國舊日的大商業哪一種沒有官吏做後盾，仗官勢發財？總而言之，在中國舊日的社會裡，有心事業者集中於政界，專心利祿者也都擠在官場裡。結果是每個衙門的人員永遠在增加之中，而衙門的數目亦天天加多。所以每個朝代到了天下太平已久，人口增加很多、民生痛苦的時候，官吏加多，每個官吏的貪汙更加厲害，人民所受的壓榨也更加嚴重。

中國到了嘉慶年間已到了循環套的最低點。嘉慶初年所革除的權臣和珅，據故宮博物院所保存的檔案，積有私產到九萬萬兩之多，當時官場的情形可想而知。歷嘉慶、道光兩朝，中國幾無日無內亂。最初有湖北、四川、陝西三省白蓮教徒的叛亂，後有西北回教徒之亂，西南苗、瑤之亂，同時東南沿海的海盜亦甚猖獗。這還是明目張膽與國家對抗者，至於潛伏於社會的匪徒幾乎遍地皆是。道光十五年（1835年），御史常大淳上奏說：「直隸、山東、河南向有教匪，輾轉傳習惑眾斂錢。遇歲歉，白晝夥搶，名曰均糧。近來間或拿辦，不斷根株。湖南之永州、郴州、桂陽，江西之南安、贛州，與兩廣接壤，均有會匪結黨成群，動成巨案。」

西洋勢力侵略起始的時候，正是我們抵抗力量薄弱的時候。到了道光年間，我們的法制有名無實，官吏腐敗，民生痛苦萬分，道德已部分地失其維繫力。我們一面須接受新的文化，一面又須設法振興舊的政教。中華民族在近代所遇著的難關是雙層的。

二、洪秀全企圖建新朝

　　洪秀全所領導的太平天國運動，就是上一節所講的那個時代和那種環境的產物。

　　洪秀全是廣東花縣人，生於嘉慶十八年、西元1814年。傳說他的父親是個農民，家境窮苦，但他自幼就入村塾讀書，到十六歲才輟學，做鄉村教師。這樣似乎他不是出身於中國社會的最下層，他自己並不是個勞力者。他兩次到廣州去考秀才，兩次都失敗了。於是心懷怨恨。這是舊社會常有的事，並不出奇。洪秀全經驗的特別是他在廣州應試的時候，得到耶穌教傳教士的宣傳品。後來大病四十多天，病中夢見各種幻象，自說與耶穌教義符合，於是信仰上帝，創立拜上帝會。最早的同志是馮雲山，也是一位因考試失敗而心懷不平者，他們因為在廣東傳教不順利，所以遷移其活動於廣西桂平縣。

　　中國自古以來的民間運動都帶點宗教性質，西洋中古的時候也是

如此。可是洪秀全與基督教發生關係，不過是偶然的事，他的拜上帝會也是個不倫不類的東西。他稱耶和華為天父，耶穌為天兄，自稱天弟。他奉天父天兄之命來救世，他的命令就是天父天兄的命令。崇拜耶和華上帝者，「無災無難」；不崇拜者，「蛇虎傷人」。他的兵士，如死在戰場，就是登仙。孔教、佛教、道教，都是妖術，孔廟及寺觀都必須破壞。

洪秀全的拜上帝會吸收了許多三合會的分子。這個三合會是排滿的祕密團體，大概是明末清初時代起始的。洪秀全或者早有了種族革命的思想。無論如何，他收了三合會的會員以後，他的運動以推倒清政府為第一目的。他罵滿人為妖人，滿人之改變中國衣冠和淫亂中國女子（三千粉黛，皆為羯狗所汙；百萬紅顏，竟與騷狐同寢）是洪秀全的宣傳品，斥責的最好對象。

洪秀全除推行宗教革命及種族革命以外，他有社會革命的思想沒有？他提倡男女平權，但他的宮廷充滿了妃姜，太平天國的王侯將帥亦皆多蓄妻妾。他的詔書中有田畝制度，其根本思想類似原始共產主義：「有田共耕，有飯同食，有衣同穿，有錢同使。」但是他的均田主義雖有詳細的規定，並未實行。是他不願實行呢？還是感覺實行有困難而不願試呢？就現在我們所有的史料判斷，我們可以說洪秀全對於宗教革命及種族革命是十分積極的，對於社會革命則甚消極。他的黨徒除馮雲山以外，尚有燒炭的楊秀清，後封東王；耕種山地的蕭朝貴，後封西王；曾捐監生與衙門胥吏為伍的韋昌輝，後封北王；及富豪石達開，後稱翼王。他的運動當然是個民間運動，反映當時的民間疾苦和迷信，以及潛伏於民間的種族觀念。

道光三十年（1850年）夏天，洪秀全在廣西金田村起兵。九月，占蒙山縣（舊名永安），於是定國號為太平天國，自稱天王。清兵進圍永安。洪秀全於咸豐二年（1852年）春突圍，進攻桂林，未得，改

1853年3月8日，洪秀全率領50萬水陸大軍兵臨金陵（今南京）城下。3月19日，太平軍攻陷金陵城，從而完成了據金陵為根本，進而進軍江南的戰略任務。3月29日，洪秀全在10萬人的簇擁下，以及黎民百姓的跪迎歡呼聲中，進入金陵城。不久，修繕兩江總督衙門，改作天王府。洪秀全在建立太平天國政權後，即頒布了《天朝田畝制度》等一系列政策綱領。圖中所繪為天王府大門。

圖中所繪為南京城內駐紮的太平軍將士，其中既有手持火銃者，也有拿著弓箭者。可見，太平軍是一支夾雜著近代與中古因素的混合軍隊。

圍湖南。他在長沙遇到很堅強的抵抗，乃向湘江下游進攻。他在岳州得到吳三桂留下來的軍械，並搶奪了不少的帆船。實力補充了以後，他直逼武漢。他雖打下了漢陽、武昌，卻不留兵防守，設官立治。他一直向長江下游進攻，沿途攻破了九江、安慶、蕪湖。咸豐三年（1853年）春打進南京，就定都於此，名叫天京。在定都南京以前，洪秀全的行動類似流寇，定都南京以後，他才開始他的建國工作。

從道光三十年（1850年）到咸豐三年（1853年），可說是太平天國的順利時期。在這時期內，社會對洪秀全的運動是怎樣應付的呢？一般安分守己的國民不分貧富，是守中立的。太平軍到了，他們順從太平軍，貢獻金錢；官軍到了，他們又順從官軍，又貢獻金錢。他們是順民，其實他們是左右為難的。他們對清政府及其官吏絕無好感，因為他們平素所受的痛苦也夠了。並且官軍的紀律不好，在這段時期內，太平軍的紀律還比較好一點。同時老百姓感覺太平軍是造亂分

早期的太平軍軍紀嚴明、信仰堅定，戰鬥力很強，因此才能在和清政府正規軍的戰鬥中屢屢獲勝。圖中所繪為太平天國將士。

子，使他們不能繼續過他們的平安日子。太平軍到處破壞廟宇，毀滅偶像，迷信的老百姓看不慣，心中不以為然。各地的土匪都趁火打劫，太平軍所經過的地方，就是他們容易活動的地方。他們幹他們的事，對於官軍及太平軍無所偏倚。有組織的祕密會社則附和太平軍，如湖南的哥老會及上海的小刀會。大多數士大夫階級，積極反對洪秀全的宗教革命。至於排滿一層，士大夫不是不知道漢人的恥辱，但是他們一則因為洪秀全雖為漢人，雖提倡種族革命，然竭力破壞幾千年來的漢族文化，滿人雖是外族，然自始即擁護漢族文化；二則他們覺得君臣之分既定，不好隨便作亂，亂是容易的，撥亂反正則是極難的，所以士大夫階級，這時對於種族革命並不熱心。

　　太平軍的軍事何以在這時期內這樣順利呢？主要原因不是太平軍本身的優點。論組織訓練，太平軍很平常；論軍器，太平軍尚不及官軍；論將才，太平軍始終沒有出過大將。太平軍在此時期內所以能得勝，全因為它是一種新興的勢力，富有朝氣，能拼命、能犧牲。官軍不但暮氣很重，簡直腐化不成軍了。當時的官軍有兩種，即八旗和綠營。八旗的戰鬥力，隨著滿人的漢化、文弱化而喪失了。所以在乾隆、嘉慶年間，清朝用綠營的時候已逐漸加多，用八旗的時候已逐漸減少。到了道光、咸豐年間，綠營已經成了清廷的主力軍隊，其腐化程度正與一般政界相等。士兵的餉額甚低，又為官長剝削，所以自謀生計，把當兵作為一種副業而已。沒有紀律，沒有操練，害民有餘，打仗則簡直談不到。並且將官之間猜忌甚深，彼此絕不合作。但是綠營在制度上也有一種好處，這種軍隊雖極端腐化，然是統一的國家的軍隊，不是個人的私有武力。在道、咸以前，地方大吏沒有人敢擁兵自重，與朝廷對抗。私有的武力是太平天國內亂的意外副產品，以後我們要深切地注意它的出世。

三、曾國藩刷新舊社會

　　曾國藩是我國舊文化的代表人物，甚至是理想人物。他生在嘉慶十六年（1811年），比洪秀全大兩歲。他是湖南湘鄉人，家世業農。他雖沒有下過苦力，他的教育是從艱難困苦中奮鬥出來的。他成翰林的時候，正是鴉片戰爭將要開始的時候。他的日記雖提及鴉片戰爭，但似乎不大注意，不瞭解那次戰爭的歷史意義。他仍埋首於古籍中，是一個實踐主義的理學家。無論我們是看他的字，讀他的文章，或是研究他的為人辦事，自然地會想起我們鄉下那個務正業的小農民。他和小農民一樣，一生一世不做苟且的事情。他知道文章、學問、道德、功業都只有汗血才能換得來，正如小農民知道要得一粒一顆的稻麥都非出汗不可。

　　在咸豐初年，曾國藩官做到侍郎，等於現在的各部次長。他的知己固然承認他的文章道德是特出的，但是他的知己不多，而且少數知

己也不知道他有大政治才能，恐怕連他自己也不知道。所以在他的事業起始的時候，他的聲望並不高，他也沒有政治勢力做他的後盾。但是湖南地方上的士大夫階級承認他的領袖地位。他對洪秀全的態度就是當時一般士大夫的態度，不過比別人更加積極而已。

那時的官兵不但不能打仗，連鄉下的土匪都不能對付，所以人民為自衛計，都辦團練。這種團練就是民間的武力，是務正業的農民藉以抵抗不務正業的遊民土匪。這種武力，因為沒有官場化，又因為與農民有切身利害關係，保存了我國鄉民固有的勇敢和誠實。曾國藩的事業就是利用這種鄉勇，而加以組織訓練，使它成為一支軍隊。這就是以後著名的湘軍。團練是當時全國皆有的，並不是曾國藩獨創的，但是為什麼唯獨湘軍能成大事呢？緣故就在於曾國藩所加的那點組織和訓練。

曾國藩治兵的第一個特點是精神教育的注重。他自己十二分相信孔、孟的遺教是中華民族的至寶。洪秀全既然要廢孔教，那洪秀全就是他的敵人，也就是全民族的敵人。他的「討賊檄文」罵洪秀全最激烈的一點就在此：

　　舉中國數千年禮義人倫，詩書典則，一旦掃地蕩盡，此豈獨我大清之變，乃開闢以來，名教之奇變，我孔子、孟子之所痛哭於九泉，凡讀書識字者，又焉能袖手坐視，不思一為之所也？

他是孔、孟的忠實信徒，他所選的官佐都是他的忠實同志，他是軍隊的主帥，同時也是兵士的導師。所以湘軍是支有主義的軍隊。其實精神教育是曾國藩終身事業的基礎，也是他在中國近代史上地位的特別。他的行政用人都首重主義。他覺得政治的改革必須先有精神的改革。前清末年的官吏，出自曾文正門下者，皆比較正派，足見其感

曾國藩（1811～1872年），漢族，字伯涵，號滌生，中國近代史上著名的政治家、戰略家、理學家和文學家，湘軍的創立者和統帥。曾國藩官至兩江總督、直隸總督、武英殿大學士，封一等毅勇侯，與李鴻章、左宗棠、張之洞並稱為「晚清四大名臣」。甚至有人推崇他為「千古第一完人」。

曾國藩自幼勤奮好學，6歲入塾讀書，8歲即能讀四書五經。道光十八年（1838年）中進士，入翰林院，為軍機大臣穆彰阿的門生。太平天國運動時，曾國藩組建湘軍，經過多年鏖戰後攻滅太平天國。曾國藩一生均修身律己、以德求官、禮治為先、以忠謀政，主張凡事要勤儉廉勞，不可為官自傲，並因此在官場上獲得了巨大的成功。

在太平天國運動被剿滅後，曾國藩還倡議建造了中國第一艘輪船，建立了第一所兵工學堂，印刷翻譯了第一批西方書籍，安排了第一批赴美留學生。從這個意義上說，曾國藩也是中國近代化建設的開拓者。

化力之大。

　　曾國藩不但利用中國的舊禮教作為軍隊的精神基礎，而且利用宗族觀念和鄉土觀念來加強軍隊的團結力。他選的官佐幾乎全是湖南人，而且大半是湘鄉人。這些官佐都回本地去招兵，因此兵士都是同族或同里的人，所以部下間的互助精神特別濃厚。這是湘軍的第二特點。

　　歷史上的精神領袖很少同時也是事業領袖，因為注重精神者往往忽略事業的具體條件。在西洋社會裡，這兩種領袖資格是完全分開的。管教者不必管事，管事者不必管教。在中國則不然：中國社會幾千年來是政教不分，官師合一的。所以在中國，頭等領袖必須兼雙層資格。曾國藩雖注重為人，並不忽略做事。這是他特別的第三點。當時綠營之所以不能打仗，緣故雖多，其中之一是待遇太薄。曾氏在起始辦團練的時候，就決定每月陸勇發餉四兩二錢，水勇發三兩六錢，比綠營的餉額加一倍。湘軍在待遇上享有特殊權利。湘軍作戰區域是長江沿岸各省。在此區域內水上的優勢很能決定陸上的優勢，所以曾國藩自始就注重水師。關於軍器，曾氏雖常說打仗在人不在器，然而他對軍器的製造，尤其對於大炮的製造，是很費苦心的。他用盡心力去羅致當時的技術人才。他對於兵士的操練也十分認真。他自己常去督察檢閱。他不寬縱他的軍官，也不要軍官寬縱他的部下。

　　曾國藩的事業如同他的學問，也是從艱難困苦中奮鬥出來的。他要救舊社會、舊文化，而那個舊社會、舊文化所產生的官僚反要和他搗亂。他要維持清政府，但清政府反而嫉妒他、排斥他。他在長沙練勇的時候，舊時的官兵恨他的新方法、新標準，幾乎把他打死了。他逃到衡州去避亂。他最初的一戰是個敗仗，他投水自盡，幸而被部下救起來。他練兵打仗，同時他自己去籌餉。以後他成了大事，並不是因為清政府和官僚自動地把政權交給他，是因為他們的失敗迫著他們求曾國藩出來任事，迫著他們給他一個做事的機會和權利。

四、洪秀全失敗

　　洪秀全得了南京以後，我們更能看出他的真實心志不在建設新國家或新社會，而在建設新朝代。他深居宮中，務求享受做皇帝的福，對於政事則不放在心上。宮廷的建築，宮女的徵選，金銀的聚斂，官制宮制的規定，這些事情是太平天王最注意的。他的宗教後來簡直變為瘋狂的迷信。楊秀清向他報告國事的困難，他回答說：

　　　　朕奉上帝聖旨、天兄耶穌聖旨，下凡作天下萬國獨一真主，何懼之有？不用爾奏，政事不用爾理，欲出外住，欲在京住，由於爾。朕鐵桶江山，你不扶，有人扶。爾說無兵，朕之天兵多過於水，何懼曾妖（國藩）乎？

　　快要滅亡的時候，南京絕糧，洪秀全令人民飲露充飢，說露是天食。

這樣的領袖不但不能復興民族，且不能作為部下團結的中心。在咸豐六年（1856年），洪秀全的左右起了很大的內訌。東王楊秀清個人獨掌大權，其他各王都須受東王的節制。照太平天國的儀式，天王稱萬歲，東王稱九千歲，西王稱八千歲，餘遞減。別的王都須到東王府請安議事，並須跪呼千歲。在上奏天王的時候，東王立在陛下，其餘則跪在陛下。因此楊秀清就為其同輩所憤恨，同時天王也怕他要取而代之。咸豐六年（1856年）九月，北王韋昌輝設計誘殺楊秀清和他的親屬黨羽。翼王石達開心懷不平，北王又把翼王家屬殺了。天王為聯絡翼王起見，下令殺北王，但翼王以後還是獨樹一幟，與天王脫離關係。經過此次的內訌，太平天國打倒清政府的希望完全消滅。以後洪秀全尚能抵抗八年，一則因為北方有大股撚匪作他的聲援，二則因為他得了兩個後起的良將，忠王李秀成和英王陳玉成。

在清政府方面，等到別人都失敗了，然後重用曾國藩，任他為兩江總督，節制江、浙、皖、贛四省軍事。湖北巡撫胡林翼是與他志同道合的，竭力與他合作。他的親弟曾國荃是個打硬仗的前線指揮。以後曾國藩舉薦他的門生李鴻章做江蘇巡撫，他的朋友左宗棠做浙江巡撫。長江的中游和下游都是他的勢力範圍，他於是得通盤籌劃。他對於洪秀全採取大包圍的戰略。同時英、美、法三國也給了曾、左、李三人不少的幫助。同治三年（1864年），湘軍在曾國荃領導之下打進南京，洪秀全自殺，太平天國就此亡了。

洪秀全想打倒清政府，恢復漢族的自由，這當然是我們應該佩服的。他想平均地權，雖未實行，也足表現他有相當政治家的眼光。他的運動無疑是起自民間，連他的宗教也是迎合民眾心理的。但是他的人格上及才能上的缺點很多而且很大。倘若他成功了，他也不能為中華民族造幸福。總而言之，太平天國的失敗，證明中國舊式的民間運動是不能救國救民族的。

第二章　洪秀全與曾國藩

74

在鎮壓太平天國運動中，清政府亦借助了外國勢力。如1860年6月，美國人華爾在上海官僚和商人的資助下組成「洋槍隊」。1862年3月，洋槍隊又擴充和改名為「常勝軍」。這支軍隊主要以外國人為軍官，僱傭中國人為士兵，配發當時先進的火器，並使用西方先進的訓練方法操練部隊。圖中所繪即為常勝軍的外國軍官和中國士兵。

1862年5月10日，英法聯軍艦隊從海上進攻由太平軍據守的寧波城。

太子少保頭品頂戴兩江總督一等威毅伯曾國荃

曾國荃（1824～1890年），曾國藩九弟，湘軍主要將領之一，因善於挖壕圍城，故有「曾鐵桶」之稱。曾國荃生性十分高傲，史書上說他「少年奇氣，倜儻不群」。戰場上的曾國荃確實悍勇異常，在攻陷安慶後，曾國荃將俘虜的16,000名太平軍全部砍頭，整整砍了一天一夜，從此得外號「剃頭匠」。攻陷天京後，他不僅下令屠城，將獲得的天國財寶全部運回湖南老家，還讓人把洪秀全的屍首挖出，拖到長江邊上澆油燒掉，然後將骨灰填進火炮，打到江中……

　　曾國藩所領導的士大夫式的運動又能救國救民族嗎？他救了清政府，這是毫無疑問的。但是清政府並不能救中國。倘若他客觀地、誠實地研究清政府在嘉慶、道光、咸豐三代的施政，他應該知道清政府是不可救藥的。他未嘗不知道此中實情，所以平定太平天國以後，他的態度反趨於消極了。平心而論，曾國藩要救清朝是很自然的，可原諒的。第一，中國的舊禮教既是他的立場，而且士大夫階級是他的憑依，他不能不忠君。第二，他想清廷經過大患難之後，必能有相當覺悟。事實上同治初年的北京，因為有恭親王及文祥二人主政，似乎景象一新，頗能有為。所以嘉、道、咸三代雖是多難的時代，同治年間的清朝確有中興的氣象。第三，他怕清政府的滅亡要引起長期的內亂。他是深知中國歷史的，中國幾千年來，每次換過朝代，總要經過長期的割據和內亂，然後天下得統一和太平。在閉關自守、無外人干

涉的時代，內戰雖給人民無窮的痛苦，尚不至於亡國。到了十九世紀，有帝國主義者環繞著，長期的內亂就能引起亡國之禍，曾國藩所以要維持清政府，最大的理由在此。

在維持清政府作為政治中心的大前提之下，曾國藩的工作分兩方面進行。一方面他要革新，那就是說，他要接受西洋文化的一部分；另一方面他要守舊，恢復中國固有的美德。革新守舊同時舉行，這是曾國藩對中國近代史的大貢獻。我們至今還佩服曾文正公，就是因為他有這種偉大的眼光。徒然恢復中國的舊禮教而不接受西洋文化，我們還不能打破中華民族的大難關，因為我們絕不能拿禮義廉恥來抵抗帝國主義者的機械軍器和機械製造。何況舊禮教本身就有它不健全的地方，不應完全恢復，也不能完全恢復呢？同時徒然接受西洋文化，而不恢復中國固有的美德，我們也不能救國救民族，因為腐化的舊社會和舊官僚根本不能舉辦事業，無論這個事業是新的，或是舊的。

曾國藩的革命事業，我們留在下一章討論。他的守舊事業，我們在前一節裡已經說過。現在我們要指出他守舊事業的流弊。湘軍初起的時候，精神紀律均好，戰鬥力也強。後來人數多了，事業大了，湘軍就退化了。收復南京以後，曾自己承認湘軍暮氣很深，所以他遣散了好多。足證中國治軍的舊法根本是有毛病的。此外湘軍既充滿了家族觀念和家鄉觀念，兵士只知道有直接上級長官，不知道有最高統帥，更不知道有國家。某次，曾國荃回家鄉去招兵，把原有的部隊交曾國藩暫時管帶，這些部隊就不守規矩。國藩沒有法子，只好催國荃趕快回營。所以湘軍是私有軍隊的開始。湘軍的精神以後傳給李鴻章所帶的淮軍，而淮軍以後又傳給袁世凱的北洋軍。我們知道民國以來的北洋軍閥利用私有的軍隊割據國家，阻礙統一。追究其禍根，我們不能不歸咎於湘軍，於此也可看出舊法子的毛病。

自強及其失敗

一、內外合作以求自強

　　恭親王及文祥從英法聯軍的經驗得了三種教訓：第一，他們確切地認識到西洋的軍器和練兵的方法遠在我們之上。咸豐十年（1860年），擔任京、津防禦者是僧格林沁和勝保，這兩人在當時是有名的大將。他們慘敗了以後，時人只好承認西洋軍隊的優勝；第二，恭親王及文祥發現西洋人不但願意賣軍器給我們，而且願意把製造軍器的祕密及訓練軍隊的方法教給我們，這頗出於時人意料之外。他們認為這是我們自強的機會；第三，恭親王及文祥發現西洋人並不是他們以前所想像的那樣，「狼子野心，不守信義」。英、法的軍隊雖然占了北京，並且實力充足，能為所欲為，但《北京條約》訂了以後，英、法居然依據條約撤退軍隊，交還首都。時人認為這是了不得的事情，足證西洋人也守信義，所以對付外人並不是全無辦法的。

　　從這三種教訓，恭親王及文祥定了一個新的大政方針：第一，他

恭親王奕訢（1833～1898年），道光皇帝第六子，清末洋務運動的領袖。第二次鴉片戰爭之後，為了國家的求強求富，奕訢支持曾國藩、左宗棠、李鴻章等大力推行洋務運動，以興辦軍事工業為重點，兼辦民事工業，中國近代工業從此起步。此外，奕訢還興辦新式學校，向國外派出留學生，亦一定程度上促進了近代教育事業的發展。因這些改革措施，奕訢被保守的清流派所鄙視，稱其為「鬼子六」。

們決定以夷器和夷法來對付夷人。換句話說，他們覺得中國應該接受西洋文化之軍事部分。他們於是買外國軍器，請外國教官。他們說，這是中國的自強之道；第二，他們知道自強不是短期內所能實現的。在自強沒有達到預期的程度以前，中國應該謹守條約以免戰爭。恭親王及文祥都是有血性的人，下了很大的決心要推行他們的新政。在國家危急的時候，他們膽敢出來與外人周旋，並且專靠外交的運用，他們居然收復了首都，時人認為這是他們的奇功。並且恭親王是咸豐的親弟，同治的親叔。他們的地位是全朝最親貴的，有了他們的決心和資望，他們在京內成了自強運動的中心。

同時在京外的曾國藩、左宗棠、胡林翼、李鴻章諸人也得著同樣的教訓，最初使他們注意的是外人所用的輪船，在長江下游私運軍火糧食賣給太平軍。據說胡林翼在安慶曾有過這樣的經驗：

馳至江濱，忽見二洋船，鼓輪西上，迅如奔馬，疾如飄風。文忠（胡）變色不語，勒馬回營，中途嘔血，幾至墮馬。閻丹初尚書向在文忠幕府，每與文忠論及洋務，文忠輒搖手閉目，神色不悅者久之，曰：此非吾輩所能知也。

可見輪船給胡文忠印象之深。曾、左、李大致相同。曾在安慶找了幾位明數理的舊學者和鐵匠、木匠去試造輪船，造成了以後不能行動。左在杭州做了同樣的試驗，得同樣的結果。足證這些人對於西洋機械的注重。

在長江下游作戰的時候，太平軍和湘軍、淮軍都競買洋槍。李鴻章設大本營於上海，與外人往來最多，認識西洋文化亦比較深切，他的部下還有英國軍官戈登（Gordon）統帶的常勝軍。他到了上海不滿一年，就寫信給曾國藩說：

鴻章嘗往英、法提督兵權，見其大炮之精純，子藥之細巧，器械之鮮明，隊伍之雄整，實非中國所能及。……深以中國軍器遠遜外洋為恥，日戒諭將士虛心忍辱，學得西人一二祕法，期有增益。……若駐上海久而不能資取洋人長技，各悔多矣。

同治三年（1864年），他又寫給恭親王和文祥說：

鴻章竊以為天下事窮則變，變則通。中國士大夫沉浸於章句小楷之積習，武夫悍卒又多粗蠢而不加細心，以致用非所學，學非所用。無事則斥外國之利器為奇技淫巧，以為不必學；有事則驚外國之利器為變怪神奇，以為不能學。不知洋人

這幅照片攝於1872年，照片中的清軍士兵正在練習射箭。雖然在剿滅太平天國的過程中，尤其是後期，清軍已經開始較大規模地使用洋槍，如李鴻章所率淮軍劉銘傳部就裝備有洋槍四千餘支。但整體來看，清軍仍然是一支中古的軍隊，急需改革。

這張照片拍攝於1871年的汕頭附近，此時正值旱季，河中水位很低，人們正用這種原始的木製汲水車將水運上來，以灌溉農田。這表明中國的落後絕不僅僅是軍事的，而是整個文明或者是社會的落後。

視火器為身心性命之學者已數百年。一旦豁然貫通，參陰陽而配造化，實有指揮如意，從心所欲之快……前者英、法各國，以日本為外府，肆意誅求。日本君臣發憤為雄，選宗室及大臣子弟之聰秀者，往西國製造廠師習各藝，又購製器之器，在本國製習。現在已能駕駛輪船，造放炸炮。去年英人虛聲恫嚇，以兵臨之。然英人所恃而為攻戰之利者，彼已分擅其長，用是凝然不動而英人固無如之何也。夫今之日本即明之倭寇也，距西國遠而距中國近。我有以自立，則將附麗於我，窺伺西人之短長；我無以自強，則並效尤於彼，分西人之利藪。日本以海外區區小國，尚能及時改轍，知所取法。然則我中國深維窮極而通之故，夫亦可以皇然變計矣……杜摯有言曰：利不百，不變法；功不十，不易器。蘇子瞻曰：言之於無事之時，足以為名，而恆苦於不信；言之於有事之時，足以見信，而已苦於無及。鴻章以為中國欲自強則莫如學習外國利器。欲學習外國利器則莫如覓製器之器，師其法而不必盡用其人。欲覓製器之器，與製器之人，則我專設一科取士，士終身懸以為富貴功名之鵠，則業可成，業可精，而才亦可集。

　　這封信是中國十九世紀最偉大的政治家最具歷史價值的一篇文章，我們應該再三誦讀。第一，李鴻章認定中國到了十九世紀唯有學西洋的科學機械然後能生存。第二，李鴻章在同治三年（1864年）已經看清中國與日本，孰強孰弱，要看哪一國變得快。日本明治維新運動的世界的、歷史的意義，他一下就看清了，並且大聲疾呼要當時的人猛醒與努力。這一點尤足以表現李鴻章的偉大。第三，李鴻章認定改革要從培養人才下手，所以他要改革前清的科舉制度。不但此也，他簡直要改革士大夫的人生觀。他要士大夫放棄章句小楷之積習，而

把科學工程懸為終身富貴的鵠的。因為李鴻章認識時代之清楚，所以他成了同治、光緒年間自強運動的中心人物。

　　在我們這個社會裡，做事極不容易。同治年間起始的自強運動，雖未達到目的，然而能有相當的成績，已經費了九牛二虎之力。倘若當時沒有恭親王及文祥在京內主持，沒有曾國藩、李鴻章、左宗棠在京外推動，那麼，英法聯軍及太平天國以後的中國還要麻木不仁，好像鴉片戰爭以後的中國一樣。所以我們要仔細研究這幾位時代領袖人物究竟做了些什麼事業。

二、步步向前進

自強的事業頗多，我先擇其要者列表於下：

咸豐十一年（1861年）　恭親王及文祥聘請外國軍官訓練新軍於天津。

同年　恭親王和文祥設立同文館於北京。是為中國新學的起始。

同年　恭親王和文祥託總稅司赫德（Robert Hart）購買炮艦，聘請英國海軍人員來華創設新水師。

同治二年（1863年）　李鴻章設外國語文學校於上海。

同治四年（1865年）　曾國藩、李鴻章設江南機器製造局於上海，附設譯書局。

同治五年（1866年）　左宗棠設造船廠於福州，附設船政

學校。

　　同治九年（1870年）　李鴻章設機器製造局於天津。

　　同治十一年（1872年）　曾國藩、李鴻章挑選學生赴美國留學。

　　同年　李鴻章設輪船招商局。

　　光緒元年（1875年）　李鴻章籌辦鐵甲兵船。

　　光緒二年（1876年）　李鴻章派下級軍官赴德學陸軍，船政學生赴英、法學習造船和駕船。

　　光緒六年（1880年）　李鴻章設水師學堂於天津，設電報局，請修鐵道。

　　光緒七年（1881年）　李鴻章設開平礦務局。

　　光緒八年（1882年）　李鴻章築旅順軍港，創辦上海機器織布局。

　　光緒十一年（1885年）　李鴻章設天津武備學堂。

　　光緒十三年（1887年）　李鴻章開辦黑龍江漠河金礦。

　　光緒十四年（1888年）　李鴻章成立北洋海軍。

　　以上全盤建設事業的動機是國防，故軍事建設最多。但我們如仔細研究就知道國防的近代化牽連甚多。近代化的軍隊第一需要近代化的軍器，所以有江南及天津兩個機械製造廠的設立。那兩個廠實際大部分是兵工廠。第二，新式軍器必須有技術人才去駕駛，所以設武備學堂和派遣軍官出洋留學。第三，近代化的軍隊必須有近代化的交通，所以有造船廠和電報局的設立，及鐵路的建築。第四，新式的國防比舊式的費用要高幾倍。以中古的生產來負擔近代的國防是絕對不可能的。所以李鴻章要辦招商局來經營沿江、沿海的運輸，創立織布局來挽回權利，開煤礦、金礦來增加收入。自強運動的領袖們並不是

1881年，開平煤礦正式投產，
為了將產出的煤炭外運，李鴻章
同時奏請修築一條從唐山到天津
北塘的鐵路。此舉立刻遭到保守
派的反對，經過多次的辯論和反
覆，清政府終於同意修建一條從
唐山到胥各莊、僅長9.7公里的
鐵路。1881年6月9日，唐胥鐵
路開始鋪軌；9月，鐵路竣工，
開始試運行；11月8日，正式通
車。唐胥鐵路是中國第一條自建
的鐵路。1888年，唐胥鐵路終
於展築至天津，這張照片反映了
李鴻章等出席並主持當時通車儀
式的情景。

事前預料到各種需要而訂一個建設計畫，他們起初只知道國防近代化的必要。但是他們在這條路上前進一步以後，就發現必須再進一步；再進一步以後，又必須更進一步。其實必須走到盡頭然後能生效。近代化的國防不但需要近代化的交通、教育、經濟，並且需要近代化的政治和國民，半新半舊是不中用的。換句話說，中國到了近代要圖生存，非全盤接受西洋文化不可。曾國藩諸人雖向近代化方面走了好幾步，但是他們不澈底，仍不能救國救民族。

三、前進遇著阻礙

　　曾國藩及其他自強運動的領袖雖走的路線不錯，然而他們不能救國救民族。其故何在？在於他們的不澈底。他們為什麼不澈底呢？一部分因為他們自己不要澈底，大部分因為時代不容許他們澈底。我們試先研究領袖們的短處。

　　恭親王奕訢、文祥、曾國藩、李鴻章、左宗棠這五個大領袖都出身於舊社會，受的是舊教育。他們沒有一個人能讀外國書，除李鴻章以外，沒有一個人到過外國。就是李鴻章的出洋尚在甲午戰敗以後，他的建設事業已經過去了。這種人能毅然決然推行新事業就了不得，他們不能完全瞭解西洋文化是自然的，很可原諒的。他們對於西洋的機械是十分佩服的，十分努力要接受的。他們對於西洋的科學也相當尊重，並且知道科學是機械的基礎。但是他們自己毫無科學機械的常識，此外更不必說了。他們覺得中國的政治制度及立國精神是至善至

美，無須學西洋的。事實上他們的建設事業就遭到了舊制度和舊精神的阻礙。我們可以拿李鴻章的事業做例子。

李鴻章於同治九年（1870年）起始做直隸總督兼北洋大臣。因為當時要人之中以他最能對付外人，又因為他比較勇於任事，而且他的淮軍是全國最近代化、最得力的軍隊。所以從同治九年（1870年）到光緒二十年（1894年）的甲午戰爭（國際稱為第一次中日戰爭），李鴻章是那個時代的中心人物。國防的建設全在他手裡。他特別注重海軍，因為他看清楚了，如果中國能戰勝日本海軍，無論日本陸軍如何強，不能進攻高麗，更不能危害中國。那麼，李鴻章辦海軍第一個困難是經費。經費所以困難就是因為中國當時的財政制度，如同一般的政治制度，是中古式的。中央政府沒有辦海軍的經費，只好靠各省協濟。各省都成見很深，不願合作。在中央求各省協助的時候，各省務求其少；認定了以後，又不能按期十足撥款，總要延期打折扣。其次，當時皇室用錢漫無限制，而且公私不分。同治死了以後，沒有繼嗣，於是西太后選了一個小孩子做皇帝，年號光緒，而實權還是在西太后手裡。等到光緒快要成年親政的時候，光緒和他的父親醇親王奕譞怕西太后不願意把政權交出來，醇親王定計重修頤和園，一則以表示光緒對西太后的孝敬，一則使西太后沉於遊樂就不干政了。重修頤和園的經費很大，無法籌備，醇親王乃請李鴻章設法。李氏不敢得罪醇親王，更不敢得罪西太后，只好把建築海軍的款子移作重修頤和園之用。所以在甲午戰爭以前的七年，中國海軍沒有添訂過一艘新船。在近代政治制度之下，這種事情是不能發生的。

在李鴻章所主持之機關中並沒有新式的文官制度和審計制度。就是在極廉潔、極嚴謹的領袖之下，沒有良好的制度，貪汙尚且無法杜絕，何況李氏本人就不廉潔呢？在海軍辦軍需的人經手的款項既多，發財的機會就更大。到了甲午戰爭的時候，我們船上的炮雖比日本的

照片顯示的是慈禧太后在頤和園與各國公使夫人的合影。慈禧太后是清晚期的實際統治者。她重用洋務派，以「自強」和「求富」為方針，發展了一些軍用和民用工業，並訓練新式海軍和陸軍以加強政權實力，對中國的近代化起到了一定的積極作用。

北洋水師正式成立於1888年，清政府每年撥出400萬兩白銀給予海軍建設，是清政府建立的四支近代海軍中實力最強、規模最大的一支，共有主力軍艦25艘、輔助軍艦50艘、運輸船30艘、官兵4,000餘人，號稱東亞第一艦隊。但是在僅僅7年之後的中日甲午之戰中即全軍覆沒。

大，但炮彈不夠，並且子彈所裝的不盡是火藥。外商與官吏狼狼為奸，私人發了財，國事就敗壞了。

李鴻章自己的科學知識的幼稚也是他的事業失敗的緣故之一。北洋海軍初成立的時候，他請了英國海軍有經驗的軍官做總教官和副司令。光緒十年（1884年）左右，中國海軍紀律很嚴，操練很勤，技術的進步很快，那時中國的海軍是很有希望的。後來李鴻章誤聽人言，辭退英國海軍的軍官，而聘請德國陸軍騎兵的軍官來做海軍的總教官，以後中國的海軍技術反而退步。並且李鴻章所用的海軍總司令是個全不知海軍的丁汝昌，丁氏原是淮軍帶馬隊的，他做海軍的領袖當然只能誤事，不能成事。甲午戰爭的時候，中國海軍占世界海軍的第八位，日本的海軍占第十一位。我們的失敗不是因為船不如人、炮不如人，是戰略戰術不如人。

同文館亦稱京師同文館，是清末最早設立的洋務學堂，初設英文館，後逐漸增設法文、俄文、德文、日文、天文、算學、格物（物理）、化學、醫學、機器製造等。照片居中坐者為同文館總教習丁韙良，他正在教授他的中國學生。丁韙良本是一名美國傳教士，在華一共生活了62年，是當時著名的「中國通」。

北洋海軍的情形如此，其他的自強事業莫不如此。總之，同治、光緒年間的自強運動所以不能救國，不是因為路線錯了，是因為領袖人物還不夠新，所以不能澈底。

但是倘若當時的領袖人物更新，要更進一步地接受西洋文化，社會能容許他們嗎？社會一定會給他們更大的阻礙。他們所行的那種不澈底的改革已遭一般人的反對，若再進一步，反對一定更大。譬如鐵路：光緒六年（1880年）李鴻章、劉銘傳奏請修建，到了光緒二十年（1894年）還只修建天津附近的一小段。為什麼呢？因為一般人相信修鐵路就破壞風水。又譬如科學：同治五年（1866年）恭親王在同文館添設科學班，請外國科學家做教授，招收翰林院的人員做學生。他的理由是很充足的。他說買外國輪船槍炮不過一時權宜之計，治本的辦法在於自己製造。但是要自己製造，非有科學的人才不可，所以他請外國人來教中國青年學生科學。他又說：

> 夫天下之恥，莫恥於不若人……日本蕞爾小國尚知發憤為雄，獨中國狃於因循積習，不思振作，恥孰甚焉？今不以不如人為恥，而獨以學其人為恥，將安於不如，而終不學，遂可雪其恥乎？

他雖說得名正言順，但還有人反對。當時北京有位名高望重的大學士倭仁就大聲疾呼地反對說：

> 竊聞立國之道，尚禮義不尚權謀；根本之圖在人心，不在技藝。今求之一藝之末，而又奉夷人為師。無論夷人詭譎，未必傳其精巧，即使教者誠教，所成就者不過術數之士。古今來未聞有恃術數而能起衰振弱者也。天下之大，不患無才。如以

郭嵩燾（1818～1891年），字筠仙，號雲仙、筠軒，別號玉池山農、玉池老人，湖南湘陰城西人，湘軍創建者之一，中國首位駐外使節。郭嵩燾在出使途中，將沿途見聞記入日記《使西紀程》，盛讚西方的民主政治制度，主張中國應研究學習。但因為保守派的阻擾，此書直到郭嵩燾去世也沒有出版發行。當郭嵩燾辭官回鄉時，他家鄉的大街上甚至貼著大罵他「勾通洋人」的標語。

天文算學必須講習，博採旁求，必有精其術者。何必夷人？何必師事夷人？

恭親王憤慨極了。他回答說：

該大學士既以此舉為窒礙，自必別有良圖。如果實有妙策，可以制外國而不為外國所制，臣等自當追隨大學士之後，竭其樗昧，悉心商辦。如別無良策，僅以忠信為甲胄，禮義為干櫓等詞，謂可折衝樽俎，足以制敵之命，臣等實未敢信。

倭仁不過是守舊的糊塗蟲，但是當時的士大夫居然聽了他的話，不去投考同文館的科學班。

同治、光緒年間的社會，如何反對新人新政，我們從郭嵩燾的命運可以更加看得清楚。郭氏的教育及出身和當時一般士大夫一樣，並

無特別。但是咸豐末年英法聯軍之役，他跟著僧格林沁在大沽口辦交涉，有了那次經驗，他根本覺悟，知道中國非澈底改革不可。他的覺悟還比恭親王諸人的更深刻。據他的研究，我們在漢、唐極盛時代固常與外族平等往來；閉關自守而又獨立尊大的哲學是南宋勢力衰弱時代的理學先生們提倡出來的，絕不足以為訓。同治初年，江西南昌的士大夫群起毀教堂，殺傳教士。巡撫沈葆楨（林則徐的女婿）稱讚士大夫的正氣，郭嵩燾則斥責沈氏頑固。郭氏做廣東巡撫的時候，汕頭的人，像以前廣州人，不許外國人進城。他不顧一切，強迫汕頭人遵守條約，許外國人進城。光緒元年（1875年）雲貴總督岑毓英因為反對英國人進雲南，祕密在雲南緬甸邊境上把英國使館的翻譯官殺了。郭嵩燾當即上奏彈劾岑毓英。第二年，政府派他出使英、法。中國有公使駐外從他起。他在西歐的時候，努力研究西洋的政治經濟社會。他覺得不但西洋的輪船槍炮值得我們學習，就是西洋的政治制度和一般文化都值得學習。他發表了他的日記，送給朋友們看。他常寫信給李鴻章，報告日本派到西洋的留學生不限於機械一門，學政治經濟的都有。他勸李鴻章擴大留學範圍。他的這些超時代的議論，引起了全國士大夫的謾罵。他們說郭嵩燾是個漢奸，「有二心於英國」。湖南的大學者如王闓運之流撰了一副對子罵他：

出乎其類，拔乎其萃，不容於堯舜之世。
未能事人，焉能事鬼，何必去父母之邦。

王闓運的日記還說：「湖南人至恥與為伍。」郭嵩燾出使兩年就回國了。回國的時候，沒有問題，他是全國最開明的一個人，他對西洋的認識遠在李鴻章之上。但是時人反對他，他以後全無機會做事，只好隱居湖南從事著作。他所著的《養知書屋文集》至今尚有披閱的

價值。

　　繼郭嵩燾做駐英、法公使的是曾紀澤。他在外國五年多，略識英語。他的才能眼光與郭嵩燾等同。因為他運用外交，從俄國收回伊犁，他是國際有名的外交家。他回國的時候抱定志向要推進全民族的近代化。但是他也遭時人的反對，找不著機會做事，不久就氣死了。

　　同、光時代的士大夫階級的守舊既然如此，民眾是否比較開通？其實民眾和士大夫階級是同鼻孔出氣的。我們近六十年來的新政都是自上而下，並非由下而上。一切新的事業都是由少數先知先覺者提倡，費盡苦心，慢慢地奮鬥出來的。在甲午以前，這少數先知先覺者都是在朝的人。甲午以後，革新的領袖權慢慢地轉到在野者的手裡，但是這些在野的領袖都是知識分子，不是民眾。嚴格說來，民眾的迷信是我民族近代接受西洋文化的大阻礙之一。

四、士大夫輕舉妄動

　　在同治、光緒年間，民眾的守舊雖在士大夫階級之上，但是民眾是被動的，領導權、統治權是在士大夫階級手裡。不幸，那個時代的士大夫階級，除極少數外，完全不暸解當時的世界大勢。

　　同治共在位十三年，從1862年到1874年。在這個時期內，德意志統一了，義大利統一了，美國的中央政府也把南方的獨立運動消滅，恢復而又加強美國的統一了。那個時期是民族主義在西洋大成功的時期。這些國家統一了以後，隨著就是國內的大建設和經濟的大發展。在同治以前，列強在國外行帝國主義的，僅英、俄、法三國。同治以後，加了美、德、義三國。競爭者多了，競爭就愈厲害。並且在同治以前，英國是世界上唯一的工業化國家，全世界都銷售英國的製造品。同治以後，德、美、法也逐漸工業化，資本化了。國際上除了政治勢力的競爭以外，又有了新起的熱烈的經濟競爭。中國在光緒年間

處境的困難遠在道光、咸豐年間之上。

　　帝國主義是我們的大敵人。同治、光緒年間如此，現在還是如此。要救國的志士應該人人瞭解帝國主義的真實性質。帝國主義與資本主義是有關係的。關係可以說有三層：第一，資本主義的國家貪圖在外國投資。國內的資本多了，利息就低。譬如，英、美兩國資本很多，資本家能得百分之四的利息就算很好了。但是如果英、美的資本家能把資本投在中國或印度或南美洲，年利很容易達到百分之七或更高些。所以英、美資本家竟向未開發的國家投資。但是接受外國來的資本不一定有害，英、美的資本家也不一定有政治野心。美國在十九世紀下半期的建設大部分是利用英國資本舉辦的。結果英國的資本家固然得了好處，但是美國開闢了富源，其人民所得的好處更多。我們的平漢鐵路原是借比利時的資本修建的，後來我們按期還本付息，那條鐵路就變為我們的了。比利時資本家得了好處，我們得了更大的好處。所以孫中山先生雖反對帝國主義，但他贊成中國利用外債來建設。但是有些資本家要利用政治的壓力去取得投資的機會，還有政治野心家要用資本來擴充政治勢力。凡是國際投資有政治作用的就是侵略的，帝國主義的。凡是國際投資無政治作用的就是純潔的，投資者與受資者兩方均能受益。所以我們對於外國的資本應採取的態度如同對水一樣，有的時候，有的地方，在某種條件之下，我們應該掘井取水，或開河引水；在別的時候、地方和條件之下，我們則必須築堤防水。

　　帝國主義與資本主義的第二層關係是商業的推銷。資本主義的國家都利用機械製造。工廠規模愈大出品愈多，得利就更厚。困難在市場。各國競爭市場原可以專憑商品之精與價格之廉，不必靠武力的侵略或政治的壓力。但在十九世紀末年，國際貿易的自由一天少一天。各國不但提高本國的關稅，並且提高屬地的關稅。這樣一來，商業的

發展隨著政權的發展。爭市場等於爭屬地。被壓迫的國家，一旦喪失關稅自主，就永無發展工業的可能。雖然，國際貿易大部分還是平等國家間之貿易，不是帝國與屬地之間的貿易。英國與美、德、法、日諸國的貿易額，遠大於英國與其屬地的貿易額。英國的屬地最多，尚且如此，別國更不必說了。

帝國主義與資本主義的第三層關係是原料的尋求。世界上沒有一國完全不靠外來的原料。最富有原料的國家如英、美、俄尚且如此，別的國家所需的外來原料更多。日本及義大利是最窮的。棉、煤、鐵、油四種根本的原料，日、義都缺乏。德國較好，但仍不出棉和石油。那麼，一國的工廠雖多，倘若沒有原料，就會完全沒有辦法。所以帝國主義者，因為要找工業的原料，就大肆侵略。雖然，資本主義不一定要行帝國主義而後始能得到原料。同時，出賣原料者不一定就是受壓迫者。譬如美國的出口貨之中，石油和棉花是大宗。日本、德國、義大利從美國輸入石油和棉花，不能也不必行帝國主義，因為美國不但不禁止石油和棉花的出口，且竭力推銷。

總之，資本主義可變為帝國主義，也可以不變為帝國主義。未開發的國家容易受資本主義國家的壓迫和侵略，也可以利用外國的資本來開發自己的富源，及利用國際的通商來提高人民的生活程度。資本主義如同水一樣：水可以灌溉，可以便利交通，也可以成災，要看人怎樣對付。

同時我們不要把帝國主義看得過於簡單，以為世界上沒有資本主義就沒有帝國主義了。七百年以前的蒙古人還在游牧時代，無資本也無工業，但是他們對中國的侵略，還在近代資本主義國家之上。三百年以前的滿洲人也是如此。在西洋方面，中古的阿拉伯人以武力推行伊斯蘭教，大行其宗教的帝國主義。十八世紀末年法國革命家以武力強迫外國接受他們的自由平等，大行其革命的帝國主義。據我們所

知，歷史上各種政體，君主也好，民主也好，各種社會經濟制度，資本主義也好，封建主義也好，都有行帝國主義的可能。

　　同、光時代的士大夫完全不瞭解時代的危險及國際關係的運用，他們只知道破壞李鴻章諸人所提倡的自強運動。同時他們又好多事。倘若政府聽他們的話，中國幾無年無日不與外國打仗。

　　長江流域有太平天國之亂的時候，北方有撚匪，陝、甘、新疆有回亂。清廷令左宗棠帶湘軍去收復西北。俄國趁中國回亂的機會就占領了伊犁，這是俄國趁火打劫的慣伎。在十九世紀，俄國占領我們的土地最多。咸豐末年，俄國趁太平天國之亂及英法聯軍，強占中國黑龍江以北及烏蘇里以東的地方，共八十萬平方公里。現在俄國的阿穆爾省及濱海省，包括符拉迪沃斯托克在內，就是那次搶奪過去的。在同治末年，俄國占領新疆西部，清廷提出抗議的時候，俄國又假仁假義地說，他全無領土野心，他只代我們保守伊犁，等到我們平定回亂的時候，他一定把土地退還給我們。其實俄國預料清廷絕不能平定回

當左宗棠依次平定了陝、甘兩省的回亂之後，此時的新疆正處於所謂「洪福汗國」的統治之下。其首領名為阿古柏，本是中亞浩罕汗國的一名伯克（突厥語意為「首領」或「管理者」），他趁著中國西北回亂之際入侵新疆，逐漸統一了新疆各部，收編了陝、甘兩省的叛軍，還得到了英、俄兩國的支持。阿古柏在新疆實行重稅政策和嚴格的伊斯蘭教法統治，遭到了當地人民的強烈反抗，並稱其為「中亞屠夫」。當左宗棠所率清軍取得節節勝利的時候，阿古柏於1877年5月29日突然暴斃，不久，新疆叛亂得以平定。照片中即為阿古柏。

左宗棠（1812～1885年），漢族，字季高，號湘上農人，晚清時期的軍事家、政治家、著名湘軍將領、洋務派首領之一。左宗棠的一生，經歷了平定太平天國運動、洋務運動、平叛陝甘回亂和收復新疆等一系列重要的歷史事件。左宗棠死後，清政府追贈其為太傅，諡號文襄。

亂，清廷勢力絕不能再伸到新疆。那麼俄國不但可以併吞伊犁，還可以蠶食全新疆。中國一時沒有辦法，只好把伊犁作為中、俄間的懸案。

　　左宗棠軍事的順利不但出於俄國意料之外，還出於我們自己的意料之外。他次第把陝西、甘肅收復了。到了光緒元年（1875年），他準備進攻新疆，軍費就成了大問題。從道光三十年（1850年）洪秀全起兵到光緒元年（1875年），二十五年之間，中國無時不在內亂內戰之中，實已兵疲力盡，何能再經營新疆呢？並且交通不便，新疆民族複雜，面積浩大，成敗似乎毫無把握。於是發生大辯論，左宗棠頗好大喜功，他一意主進攻。他說祖宗所遺留的土地，子孫沒有放棄的道理。他又說倘若新疆不保，陝、甘就不能保；陝、甘不保，山西就

不能保；山西不保，河北就不能保。他的理由似乎充足，言論十分激昂。李鴻章的看法正與左的相反。李說自從乾隆年間占領新疆以後，中國沒有得著絲毫的好處，徒費駐防的兵費。這是實在的情形。他又說中國之大禍不在西北，而在東邊沿海的各省，因為沿海的省分是中國的精華，而且帝國主義者的壓迫在東方的過於在西方的。自從日本維新以後，李鴻章更加焦急。他覺得日本是中國的真敵，因為日本一心一意謀我，他無所圖，而且相隔既近，動兵比較容易。至於西洋各國，彼此互相牽制，向外發展不限於遠東，相隔又遠，用兵不能隨便。李鴻章因此主張不進攻新疆，而集中全國人力物力於沿海的國防及腹地各省的開發。邊省雖然要緊，但是腹地倘有損失，國家大勢就去了。反過來說，倘若腹地強盛起來，邊省及藩屬自然就保存了。左宗棠的言論比較動聽，李的比較合理；左是高調，李是低調。士大夫階級一貫的尚感情，唱高調，當然擁護左宗棠。於是借外債，移用各省的建設費，以供左宗棠進攻新疆之用。

左宗棠的運氣真好，因為新疆發生了內訌，並沒有遇著堅強的抵抗。光緒三年（1877年）年底，他把全疆克服了。中國乃派崇厚為特使，到俄國去交涉伊犂的退還。崇厚所訂的條約雖收復了伊犂城，但城西的土地幾全割讓與俄國，南疆及北疆之交通險要區亦割讓。此外，崇厚還許了很重要的通商權利，如新疆加設俄國領事館，經甘肅、陝西到漢口的通商路線，及吉林、松花江的航行權。士大夫階級主張殺崇厚、廢約，並備戰。這正是青年言論家如張之洞、張佩綸、陳寶琛初露頭角的時候。清廷竟為所動。於是腳慌手忙，調兵遣將，等到實際備戰的時候，政府就感覺困難了。第一，從伊犂到高麗東北角的圖們江止，沿中、俄的交界線處處都要設防。哪裡有這麼多軍隊呢？首當其衝的左宗棠在新疆的部隊就太疲倦，不願打仗。第二，俄國遠東艦隊故作聲勢，從符拉迪沃斯托克開到日本洋面。中國因此又

必須於沿海、沿長江設防。清廷乃起用彭玉麟督長江水師來對付俄國的海軍。彭玉麟想滿載桐油木柴到日本洋面去施行火攻。兩江總督劉坤一和他開玩笑，說時代非三國，統帥非孔明，火攻之計恐怕不行呢！李鴻章看見書生誤國，當然極為憤慨。可是抗戰的情緒很高，他不敢公開講和。他只好使用手段，把英國有名的軍官戈登將軍請來做軍事顧問。戈登是個老實人，好說實話。當太平天國的末年，他曾帶所謂常勝軍立功不少，所以清廷及一般士大夫頗信任他。他的意見怎樣呢？他說，中國如要對俄作戰，必須做三件事：一、遷都於西安；二、長期抗戰至少十年；三、滿人預備放棄政權，因為在長期戰爭之中，清政府政權一定不能維持。清廷聽了戈登的意見以後，乃決心求

法國對越南的覬覦由來已久，早在1858年第二次鴉片戰爭時期，法國就已派海陸軍隊攻入了越南。圖中所繪即為1858年時法軍艦隊攻打越南峴港的場景。峴港位於越南中部，古都順化附近，被法軍攻占後成為法國殖民地，並改名為「沱瀼」。不久之後，越南南部六省均淪為法國殖民地。

和。中國近代史的一幕滑稽劇才因此沒有開演。

幸而俄國在光緒三、四年（1877～1878年）的時候，正與土耳其打仗，與英國的關係也很緊張，所以不願多事。又幸而中國當時有青年外交家曾紀澤，以極冷靜的頭腦和極堅強的意志，去貫徹他的主張。原來崇厚所訂的條約並沒有奉政府的批准，尚未正式成立，曾紀澤運用外交得法，挽回了大部分的通商權利及土地，但償價加倍，共九百萬盧布。英國駐俄大使稱讚曾紀澤說：「憑外交從俄國取回他已占領的土地，曾侯要算第一人。」

中、俄關於伊犁的衝突告一段落的時候，中、法關於越南的衝突又起了。

中國原來自己是個帝國。我們的版圖除本部以外，還包括緬甸、暹羅、越南、琉球、高麗、蒙古等。這些地方可以分為兩類：蒙古等屬於第一類，歸理藩部管，中國派有大臣駐紮其地；第二類即高麗、越南等屬國，實際中國與他們的關係很淺，他們不過按期朝貢，新王即位須受中國皇帝的冊封。此外我們並不派代表常駐其國都，也不干涉他們的內政。在經濟方面，我們也十分消極。我們不移民，也不鼓勵通商，簡直是得不償失。但是我們的祖先何以費力去得這些屬地呢？此中也有緣故。光緒七年（1881年）翰林院學士周德潤先生說得清楚：

臣聞天子守在四夷，此誠慮遠憂深之計。古來敵國外患，伏之甚微，而蓄之甚早。不守四夷而守邊境，則已無及矣；不守邊境而守腹地，則更無及矣。我朝幅員廣辟，龍沙雁海，盡列藩封。以琉球守東南，以高麗守東北，以蒙古守西北，以越南守西南；非所謂山河帶礪，與國同休戚者哉？

劉提督鎮守北寧圖

中法戰爭主要分為兩個階段進行，第一個階段的戰場主要在越南北部。此圖名為「劉提督鎮守北寧圖」，描繪的是黑旗軍將領劉永福率軍與法軍在北寧大戰的場景。此役，越南北部的北寧、太原皆失守，導致恭親王奕訢領班的軍機處被全面撤換，史稱「甲申易樞」。

隨後，1884年5月11日，李鴻章與法國代表福祿諾在天津簽訂了《中法會議簡明條約》，主要內容即為承認法國對越南的保護權。

中法戰爭的第二階段則擴大到
中國東南沿海一帶。1884年8月
5日，法國遠東艦隊在司令孤拔
的帶領下炮轟臺灣北部的基隆
港，並強行登陸，但被清軍擊
退。8月23日，法軍又對福建馬
尾軍港發動突襲，僅用一個多
小時就將港內的清軍艦船全部
擊沉，還摧毀了馬尾造船廠。
圖中所繪即為法國遠東艦隊強
行登陸基隆港的場景。

換句話說，在歷史上屬國是我們的國防外線，是代我守門戶的。在古代，這種言論有相當的道理；到了近代，局勢就大不同了。英國在道光年間直攻廣東、福建、浙江、江蘇，英、法聯軍直打進了北京，所謂國防外線簡直沒有用處。倘使在這種時代我們還要保存外線，我們也應該變更方案。我們應該協助這些弱小國家獨立，因為獨立的高麗、琉球、越南、緬甸絕不能侵略我們。所怕的不是他們獨立，是怕他們做帝國主義者的傀儡。無論如何，外人直攻我們的腹地，我們無暇去顧外線了。協助這些弱小國家去獨立是革命的外交。正如蘇聯革命的初年，外受列強的壓迫，內有反革命的抗戰，列寧（Lenin）於是毅然決然放棄帝俄的屬國。

　　法國進攻越南的時候，士大夫階級大半主張以武力援助越南，張佩綸、陳寶琛、張之洞諸人特別激昂。李鴻章則反對，他的理由又是要集中力量火速籌備腹地的國防事業。清廷一方面怕清議的批評，一方面又怕援助越南引起中、法戰爭，所以舉棋不定。起初是暗中接濟越南軍費和軍器，後來果然引起中、法戰爭。那個時候官吏不分文武，文人尤好談兵。北京乃派主戰派的激烈分子張佩綸去守福州船廠，陳寶琛去幫辦兩江的防務。用不著說，紙上談兵的先生們是不濟事的。法國海軍進攻船廠的時候，張佩綸逃得頂快了。陳寶琛在兩江不但無補實際，連議論也不發了。打了不久就講和，和議剛成又打，再後還是接受法國的條件。越南沒有保住，我們的國防力量反大受了損失。左宗棠苦心創辦的福州船廠就在此時被法國毀了。

五、中日初次決戰

　　李鴻章在日本明治維新的初年就看清楚了日本是中國的勁敵。他知道中、日的勝負要看哪一國的新軍備進步得快。他特別注重海軍，因為日本必須先在海上得勝，然後才能進攻大陸。所以他反對左宗棠以武力收復新疆，反對為伊犁問題與俄國開戰，反對為越南問題與法國打仗。他要把這些戰費都省下來作為擴充海軍之用。他的眼光遠在一般人之上。

　　李鴻章既注重中、日關係，不能不特別注意高麗。在國防上高麗的地位極其重要，因為高麗可以做敵人陸軍侵略中國東北的根據地，也可以做敵人海軍侵略中國山東、河北的根據地。反過來看，高麗在日本的國防上的地位也很要緊。高麗在我們手裡，日本尚感不安，一旦被俄國或英國所占，那時日本所感的威脅就更大了，所以高麗也是日本必爭之地。

1853年，美國海軍準將培理率領4艘戰艦，闖入江戶灣（今東京灣），迫使日本開放了國門，史稱「黑船事件」（當時美國戰艦的船體為黑色，又不斷噴出漆黑的濃煙，所以被岸上那些震驚的日本人稱作「黑船」）。圖中所繪正是日本人初次登上美國軍艦時的場景。

在光緒初年，高麗的國王李熙年幼，他的父親大院君李昰應攝政。大院君是個十分守舊的人，他屢次殺傳教士，堅決不與外人通商。在明治維新以前，日、韓關係在日本方面，由幕府主持，由對馬島之諸侯執行。維新以後，大權歸日皇，所以日、韓的交涉也改由日本中央政府主持。大院君厭惡日本的維新，因而拒絕與新的日本往來。日本國內的舊諸侯武士們提倡「征韓」。這種征韓運動，除了高麗不與日本往來外，還有三個動機：一、日本不向海外發展不能圖強；二、日本不先下手，西洋各國，尤其是俄國，恐怕要下手；三、征韓能為一般不得志的武士謀出路。光緒元年（1875年，日本明治八年）發生高麗炮擊日本船的案子，所謂江華島事件，主張征韓者更有所藉口。

當時日本的政治領袖，如岩倉、大久保、伊藤、井上諸人原反對征韓。他們以為維新事業未發展到相當程度以前，不應輕舉妄動地貪圖向外發展。但是在江華島事件發生以後，他們覺得無法壓制輿論，不能不有所主動。於是他們一面派黑田清隆及井上率艦隊到高麗去交涉通商友好條約，一面派森有禮來北京試探中國的態度，並避免中國的阻抗。

森有禮與我們的外交當局大起辯論。我們始終堅持高麗是我們的屬國：如日本侵略高麗，那就是對中國不友善，中國不能坐視。森有禮則說中國在高麗的宗主權是有名無實的，因為中國在高麗不負任何責任，自然就沒有權利。

　　黑田與井上在高麗的交涉成功，他們所訂的條約承認高麗是獨立自主的國家，這就是否認中國的宗主權，中國應該抗議，而且設法糾正。但是日本和高麗雖都把條文送給中國，北京卻沒有向日本提出抗議，也沒有責備高麗不守本分。中國實為傳統觀念所誤。照中國傳統觀念，只要高麗承認中國為宗主，那就夠了。第三國的承認與否是無關宏旨的。在光緒初年，中國在高麗的威信甚高，所以政府很放心，就不注意日、韓條約了。

　　高麗與日本訂約的問題過了以後，中、日就發生琉球的衝突。琉球自明朝洪武五年（1372年）起隸屬於中國。歷五百餘年，琉球按期進貢，從未中斷。但在明萬曆三十年（1602年），琉球又向日本薩摩諸侯稱藩，成了兩屬，好像一個女子許嫁兩個男人。幸而這兩個男人從未遇面，所以這種奇怪現象竟安靜無事地存在了二百七十多年。自日本維新，力行廢藩以後，琉球在日本看來，既然是薩摩的藩屬，也在應廢之列。日本初則阻止琉球入貢中國，終則改琉球為日本一縣。中國當然反對，也有人主張強硬對付日本，但日本實在時候選得好，因為這正是中、俄爭伊犁的時候。中國無法，只好把琉球作為一個懸案。

　　可是琉球問題暴露了日本的野心。士大夫平素看不起日本的，到這時也知道應該戒備了。日本既能滅琉球，就能滅高麗。琉球或可不爭，高麗則勢在必爭，所以他們專意籌劃如何保存高麗。光緒五、六年（1879～1880年）的時候，中國可以說初次有個高麗政策。李鴻章認定日本對高麗有領土野心，西洋各國對高麗則只圖通商和傳教。在

日本明治天皇，為日本第122代天皇，諱睦仁。慶應三年（1867年），16歲的睦仁繼位為天皇；同年12月9日，實行「王政復古」。慶應四年（1868年）1月，倒幕派發動政變，迫使幕府末代將軍德川慶喜把政權交還給睦仁。隨後，擁護睦仁的倒幕軍在京都附近打敗了幕府軍隊。9月8日，睦仁改年號為明治，並頒布一系列維新舉措，實行明治維新。明治天皇共在位45年，明治維新之後，日本實現了社會、經濟、軍事等諸多方面的發展，建立了亞洲第一個資本主義國家，並走上了稱霸的道路。可以說，明治天皇以及他領導的明治維新運動是日本近代得以興盛和崛起的標誌。

這種形勢之下，英、美、法各國在高麗的權利愈多，他們就愈要反對日本的侵略。光緒五年（1879年），李鴻章寫給高麗要人李裕元的信中說得很清楚：

　　　　為今之計，似宜用以毒攻毒、以敵制敵之策，乘機次第與泰西各國立約，藉以牽制日本。彼日本恃其詐力，以鯨吞蠶食為謀，廢滅琉球一事顯露端倪。貴國不可無以備之。然日本之所畏服者泰西也。以朝鮮之力制日本或虞其不足，以統與泰西通商制日本則綽乎有餘。

經過三年的勸勉與運動，高麗才接受這種新政。光緒八年（1882年）春，由中國介紹，高麗與英、美、德、法訂通商條約。

1879年，日本正式將琉球置為沖繩縣，並將琉球王室強行遷至東京。同年，美國時任總統格蘭特到訪中國，在李鴻章的要求下，格蘭特總統答應對中日間琉球問題進行調停，但最後卻因種種原因而成一樁懸案。照片中即為李鴻章與格蘭特總統會晤時的場景。

高麗不幸忽於此時發生內亂。國王的父親大院君李昰應一面反對新政，一面忌王后閔氏家族當權。他於光緒八年（1882年）六月忽然鼓動兵變，圍攻日本使館，誅戮閔氏要人。李鴻章的謀士薛福成建議中國火速派兵進高麗，平定內亂，一則以表示中國的宗主權，一則以防日本。中國派吳長慶率所部淮軍直入高麗京城。吳長慶的部下有兩位青年，張謇和袁世凱。他們膽子很大，高麗的兵也沒有抵抗的能力。於是他們把大院君首先執送天津，然後派兵占領漢城（今首爾）險要，幾點鐘的工夫，就把李昰應的軍隊打散了。吳長慶這時實際做了高麗的主人翁。後高麗許給日本賠款，並許日本使館保留衛隊。這樣，中、日兩國都有軍隊在高麗京都，形成對峙之勢。

　　光緒八年（1882年）夏初之季，中國在漢城的勝利，使得許多人輕敵。張謇主張索性滅高麗，張佩綸和鄧承修主張李鴻章在煙臺設大本營，調集海陸軍隊預備向日本宣戰。張佩綸說：

　　　　日本自改法以來，民惡其上，始則欲復封建，繼則欲改民
　　政。薩、長二黨爭權相傾，國債山積，以紙為幣。雖兵制步伍
　　泰西，略得形似，然外無戰將，內無謀臣。問其師船則以扶桑
　　一艦為冠，固已鐵蝕木窳，不耐風濤，餘皆小炮小舟而已，去
　　中國鐵船定遠、超勇、揚威遠甚。問其兵數，則陸軍四、五萬
　　人，水軍三、四千人，猶且官多缺員，兵多缺額。近始雜募遊
　　惰，用充行伍，未經戰陣，大半恇怯，又去中國淮、湘各軍遠
　　甚。

鄧承修也是這樣說：

　　　　扶桑片土，不過內地兩行省耳，總核內府現銀不滿五百萬

日本的明治維新比之中國的洋務運動更為廣泛和深刻，而且效率更高，行動更快。比如，在社會文化方面，日本提倡學習西方社會文化及習慣，並大量翻譯西方著作；統一貨幣，設立日本銀行為國家中央銀行；取消工商業方面的行會壟斷組織，以推動工商業的發展；教育方面，設立文部省，發展近代資產階級性質的義務教育，並大量選派留學生到英、美、法、德等西方國家留學；交通方面，大量興建新式公路和鐵路。1872年，其第一條鐵路——東京至橫濱間的鐵路即通車。此圖為當時日本人對這條鐵路的描繪。

在軍事方面，日本建立新式軍隊，陸軍參考德國，而海軍則參照英國。1872年，日本政府頒布徵兵令，規定20歲以上的成年男子必須服兵役。至1873年時，日本全國戰時即可動員40萬以上的兵力。圖中所繪為日本新式海、陸軍進行海陸聯合軍事演習的場景。

兩。窘迫如此，何以為國？水師不滿八千，船艦半皆朽敗，陸軍內分六鎮，統計水陸不盈四萬，而又舉非精銳。然彼之敢於悍然不顧者，非不知中國之大也，非不知中國之富且強也，所恃者中國之畏事耳，中國之重發難端耳。

這兩位自命為「日本通」者，未免看事太易。李鴻章看得比較清楚，他說：

> 彼自變法以來，一意媚事西人，無非欲竊其緒餘，以為自雄之術。今年遣參議伊藤博文赴歐洲考察民政，復遣有棲川親王赴俄，又分遣使聘義大利，駐奧匈帝國，冠蓋聯翩，相望於道，其注意在樹交植黨。西人亦樂其傾心親附，每遇中、日交涉事件，往往意存袒護。該國洋債既多，設有危急，西人為自保財利起見，或且隱助而護持之。
>
> 夫未有謀人之具，而先露謀人之形者，兵家所忌。日本步趨西法，雖僅得形似，而所有船炮略足與我相敵。若必跨海數千里與角勝負，制其死命，臣未敢謂確有把握。
>
> 第東征之事不必有，東征之志不可無。中國添練水師，實不容一日稍緩。昔年戶部指撥南北洋海防經費，每歲共四百萬兩。無如指撥之財，非盡有著之款。統計各省關所解南北洋海防經費，約僅及原撥四分之一。可否請旨敕下戶部總理衙門，將南北洋每年所收防費核明實數，務足原撥四百萬兩之數。如此則五年之後，南北洋水師兩支當可有成。

這次大辯論終了之後，越南問題又起來了。張佩綸、鄧承修諸人忽然忘記了日本，大事運動與法國開戰。中、法戰事一起，日本的機

會就到了。這時高麗的黨政軍正成對壘之陣。一面有開化黨，其領袖即洪英植、金玉均、朴泳孝諸人，其後盾即日本公使竹添進一郎。這一派是親日的，想借日本之勢力以圖獨立的。對面有事上黨，領袖即金允植、閔泳翊、尹泰駿諸人，後盾是袁世凱。這一派是聯華的，想託庇於中國的保護之下，以免日本及其他各國的壓迫。漢城的軍隊有中國的駐防軍和袁世凱代練的高麗軍在一面，對面有日本使館的衛隊及日本軍官所練的高麗軍。在中、法戰爭未起以前，開化黨不能抬頭，既起以後，竹添就大活動起來，說中國自顧不暇，哪能顧高麗？於是洪英植諸人乃決計大舉。

光緒十年（1884年）十月十七夜，洪英植設宴請外交團及高麗要人。各國代表都到，唯獨竹添稱病不至。後忽報火警，在座的人就慌亂了。閔泳翊出門被預埋伏兵士所殺。洪英植跑進王宮，宣稱中國兵變，強迫國王移居，並召竹添帶日兵進宮保衛。竹添這時不但無病，且親率隊伍入宮。國王到了開化黨手裡以後，下詔召事上黨領袖，他們一進宮就被殺了。於是宣布獨立，派開化黨的人組閣。

十月十九日，袁世凱帶他所練的高麗兵及中國駐防漢城的軍隊進宮。中、日兩方就在高麗王宮裡開戰了。竹添見不能抵抗，於是撤退，王宮及國王又都到袁世凱手裡。洪英植、朴泳孝被亂兵所殺，金玉均隨著竹添逃到仁川，後投日本。政權全歸事上黨及袁世凱，開化黨完全被打散了。袁世凱這時候尚不滿三十，忽當大事，因電報不通無法請示，只好便宜行事。他敢大膽地負起責任，制止對方的陰謀。難怪李鴻章從此看重他，派他做駐高麗的總代表。

竹添是個浪人外交家。他如果沒有違反日本政府的意旨，至少也超過了他政府所定的範圍。事變以後，日本政府以和平交涉對高麗，亦以和平交涉對中國。光緒十一年（1885年）春，伊藤與李鴻章訂《中日天津會議專條》，雙方皆撤退駐高麗的軍隊，但高麗以後如有

內亂，中、日皆得調兵進高麗。

　　光緒十一年（1885年），正是英、俄兩國因為阿富汗的問題幾至開戰。他們的衝突波及遠東。英國為預防俄國海軍從符拉迪沃斯托克南下，忽然占領高麗南邊之巨磨島，俄國遂謀占領高麗東北的永興灣。高麗人見日本不可靠，有與俄國暗通，求俄國保護者。在這種形勢之下，英國感覺危險，日本更怕英、俄在高麗得勢，於是日本、英國都慫恿中國在高麗行積極政策。英國覺得高麗在中國手裡，於英國全無損害，倘到俄國手裡，則不利於英國甚大。日本亦覺得高麗在中國手裡，他將來還有法子奪取，一旦到了俄國手裡，簡直是日本的致命之傷。所以這種形勢極有利於中國，李鴻章與袁世凱遂大行其積極政策。

　　從光緒十一年（1885年）到二十年（1894年），中國對高麗的政策完全是李鴻章和袁世凱的政策。他們第一緊緊把握高麗的財政。高麗想借外債，他們竭力阻止。高麗財政絕無辦法的時候，他們令招商局出面借款給高麗。高麗的海關，是由中國海關派員代為管理，簡直可說是中國海關的支部。高麗的電報局是中國電報局的技術人員用中國的材料代為設立，代為管理的。高麗派公使到外國去，須先得中國的同意。到了外國以後，高麗的公使必須遵守以下三個條件：

　　　　一、韓使初至各國，應先赴中國使館具報，請由中國欽差挈同赴外部，以後即不拘定。二、遇有朝會公宴酬酢交際，韓使應隨中國欽差之後。三、交涉大事關係緊要者，韓使應先密商中國欽差核示。

　　這種政策雖提高了中國在高麗的地位，但與光緒五年（1879年）李鴻章最初所定的高麗政策絕對相反。最初李要高麗多與西洋各國往

來，想借西洋的通商和傳教的權利來抵制日本的領土野心。此時李、袁所行的政策是中國獨占高麗。到了光緒十八、九年（1892～1893年），日本感覺中國在高麗的權利膨脹過甚，又想與中國對抗。中國既獨占高麗的權利，到了危急的時候，當然只有中國獨當其衝。

甲午戰爭直接的起因又是高麗的內亂。光緒二十年（甲午，1894年），高麗南部有所謂東學黨聚眾數千作亂，中、日兩國同時出兵，中國助平內亂，日本藉口保衛僑民及使館。但東學黨造亂的地方距漢城尚遠，該地並無日本僑民，且日本派兵甚多，遠超保僑所需之數。李鴻章知道日本另有野心，所以竭力先平東學黨之亂，使日本無所藉口。但是內亂平定之後，日本仍不撤兵。日本聲言高麗內亂之根本在內政不修明，要求中、日兩國共同強迫高麗改革內政。李不答應，因為這就是中、日共管高麗。

這時日本輿論十分激烈，一意主戰。中國輿論也激烈，要求李鴻章火速出兵，先發制人。士大夫覺得高麗絕不可失，因為失高麗就無法保東北。他們以為日本國力甚小：「倭不度德量力，敢與上國抗衡，實以螳臂當車，以中國臨之，直如摧枯拉朽。」李鴻章則覺得一調大兵，則雙方勢成騎虎，終致欲罷不能。但他對於外交又不讓步。他這種軍事消極、外交積極的辦法，是很奇怪的。他有他的理由。俄國公使喀西尼（Cassini）答應了他，俄國必勸日本撤兵，如日本不聽，俄國必用壓服的方法。李覺得既有俄國的援助，不必對日本讓步。殊不知喀西尼雖願意給中國援助，俄國政府卻不願意。原來和戰的大問題，不是一個公使所能負責決定的。等到李鴻章發現喀西尼的話不能兌現，中、日外交路線已經斷了，戰爭已經起始了。

中、日兩國同於七月初一宣戰，八月十八（陽曆九月十七日）兩國海軍在高麗西北鴨綠江口相遇。那一次的海軍戰爭是中華民族在這次全面抗戰以前最要緊的一個戰爭。如勝了，高麗可保，東北不致發

1894年7月25日,日本不宣而戰,在朝鮮西岸的豐島海面襲擊了增援朝鮮的清軍艦船「濟遠」和「廣乙」。海戰中,日本聯合艦隊第一游擊隊的「浪速」號擊沉了清軍借來運兵的英國商輪「高升」號,船上近千名官兵遇難。隨後,中日間正式宣戰。此圖所繪即為「浪速」號擊沉「高升」號的場景。

正式開戰後,陸上最大的戰役是平壤戰役。此役,駐守平壤的清軍共1.5萬餘人,而進攻方的日軍則有1.6萬餘人,經過激戰後,以清軍大敗而告終。隨後,清軍狂奔500多里,一路逃至鴨綠江邊。日軍則迅速占領朝鮮全境。照片中為在平壤之戰中被俘的清軍士兵。

生問題，而在遠東，中國要居上日本居下了。所以甲午八月十八日的海軍之戰是個劃時代的戰爭，值得我們研究。那時我國的海軍力比日軍海軍大。我們的海軍占世界第八位，日本占第十一位。我們的兩個主力艦定遠和鎮遠各七千噸，日本頂大的戰艦不過四千噸。但日本的海軍也有優點，日本的船比我們快，船上的炮比我們多，而且放得快。我們的船太參差不齊，日本的配合比較合用。所以從物質上來說，兩國海軍實力相差不遠。那一次我們失敗的緣故很多：第一，戰略不如人。我方原定艦隊排「人」字陣勢，由定遠、鎮遠兩鐵甲船居先，稱戰鬥之主力。海軍提督丁汝昌以定遠為坐艦，艦長是劉步蟾。丁本是騎兵的軍官，不懂海軍。他為人忠厚，頗有氣節，李鴻章靠他不過做精神上的領導而已。劉步蟾是英國海軍學校畢業的學生，學科的成績確是上等的，而且頗識莎士比亞的戲劇，頗有所謂儒將的風度。丁自認不如劉，所以實際是劉做總指揮。等到兩軍相望的時候，劉忽下令把「人」字陣完全倒置，定遠、鎮遠兩鐵甲船居後，兩翼的弱小船隻反居先。劉實膽怯，倒置的緣故想圖自全。這樣一來陣線亂了，小船的人員都心慌了，而且日本得以乘機先攻我們的弱點了。

其次，我們的戰術也不及人。當時在定遠船上的總炮手英人泰樂爾（Tyler）看見劉步蟾變更陣勢，知道形勢不好。他先吩咐炮手不要太遠就放炮，不要亂放炮，因為船上炮彈不多，必命中而後放。吩咐好了以後，他上望臺，站在丁提督旁邊，預備幫丁提督指揮。但丁不懂英文，泰樂爾不懂中文，兩人只好比手勢交談。不久炮手即開火，而第一炮就誤中自己的望臺，丁受重傷，全戰不再指揮，泰樂爾亦受輕傷。日本炮彈的準確遠在我們之上。結果，我海軍損失過重，不敢再在海上與日人交鋒。日人把握海權，陸軍輸送得行動自由，我方必須繞道山海關。其實海軍失敗以後，大勢就去了。陸軍之敗更甚於海軍。

↑正文中所說的那一次「最要緊」的海戰是指黃海海戰，亦稱大東溝海戰。此役，幾乎集中了中、日兩國海軍全部的主力艦艇。戰役進行得很激烈，一直從9月17日的中午打到黃昏，結果以日本海軍聯合艦隊撤出戰場而結束。此戰，北洋水師損失「致遠」「經遠」「超勇」「揚威」和「廣甲」等5艘軍艦，「來遠」受重傷，死傷官兵約600人；日本聯合艦隊的「松島」「吉野」「比叡」「赤城」「西京丸」等5艦受重傷，傷亡239人。上圖所繪即為「致遠」艦奮勇作戰的場景。激戰中，「致遠」艦管帶鄧世昌下令全力向「吉野」號撞去，但不幸被對方發射的魚雷擊中，遂而沉沒。

→黃海海戰後，日軍取得了制海權。1894年10月24日，日軍2.5萬人在軍艦的掩護下從遼東半島的花園口登陸，經過一系列的戰鬥後，於11月21日向號稱「東亞第一要塞」的旅順口發動攻擊。次日，旅順口陷落，隨後日軍製造了震驚中外的旅順大屠殺。右邊照片顯示的是日軍山炮部隊正在對旅順口展開炮擊。

次年四月，李鴻章與伊藤訂《馬關條約》。中國承認高麗獨立，割臺灣、澎湖群島及遼東半島，賠款二萬萬兩白銀。近代的戰爭固不是兒戲。不戰而求和當然要吃虧，這一次要吃虧的是高麗的共管。但戰敗以後而求和，吃虧之大遠過於不戰而和。同治、光緒年間的政治領袖如曾、左、李及恭親王、文祥諸人原想一面避戰，一面竭力以圖自強。不幸，時人不許他們，對自強事業則多方掣肘，對邦交則好輕舉妄動，結果就是誤國。

第四章

瓜分及民族之復興

一、　李鴻章引狼入室

　　甲午戰爭未起以前及既起以後，李鴻章用各種外交方法，想得西洋各國的援助，但都失敗了。國際的關係不比私人間的關係，是不講理，不論情的。國家都是自私自利的，利害相同就結合為友，為聯盟；利害衝突就成為對敵。各國的外交家都是精於打算盤的。西洋各國原想在遠東大大地發展，但在甲午以前，沒有積極推動，一則因為他們忙於瓜分非洲；二則因為他們互相牽制，各不相下；三則因為在遠東尚有中國與日本兩個獨立國家，具有相當的抵抗能力。在中、日戰爭進行的時候，李鴻章雖千方百計地請求他們的援助，他們總是抱隔岸觀火的態度，嚴守中立。他們覺得中國愈敗，愈需要他們的援助，而且愈願意出代價。同時他們又覺得日本雖打勝仗，戰爭總要削減日本的力量。在西洋人的眼光裡，中、日戰爭無論誰敗，實是兩敗俱傷的。他們反可坐收漁人之利，所以他們不援助我們於未敗之前。

1895年4月17日，中日間在日本馬關（今下關）簽訂《馬關條約》，標誌著中日甲午戰爭的結束。條約主要有三點內容：一、中國割讓遼東半島、臺灣島及其附屬各島嶼、澎湖群島給日本；二、賠償日本2萬萬兩白銀；三、中國增開沙市、重慶、蘇州、杭州為商埠，並允許日本在中國的通商口岸投資開工廠。《馬關條約》使中國的危機空前嚴重，半殖民地化程度大大加深。此圖即為《馬關條約》簽字時的情景，正面右起依次為日本內閣總理大臣伊藤博文、外務大臣陸奧宗光；背面右起第一人則為李鴻章。

　　等到《馬關條約》一簽字，俄、德、法三國就聯合起來強迫日本退還遼東半島，包括旅順、大連在內。主動是俄國，德、法不過附和。當時俄國財政部長威特（Witte）正趕修西伯利亞鐵路，他發現東邊的一段，如繞黑龍江的北岸路線太長，工程太困難；如橫過我們

的東三省，路線可縮短，工程也容易得多。同時符拉迪沃斯托克太偏北，冬季結冰，不便航行。如果俄國能得大連、旅順，俄國在遠東就能有完善的軍港和商港。完成西伯利亞鐵路及得一個不冰凍的海口，這是威特想要乘機而達到的目的。法國當時聯俄以對德，俄要法幫忙，法不敢拒絕，何況法國也有野心想乘機向遠東發展呢？德國的算盤打得更精。他想附和俄國，一則可以使俄國知道德國是俄國的朋友，俄國不必聯絡法國；二則俄國如向遠東發展，在歐洲不會多事，德國正好順水推舟；三則德國也可以向我們索取援助的代價。這是三國干涉《馬關條約》實在的動機。

俄、德、法三國的做法是十分冠冕堂皇的。《馬關條約》發表以後，他們就向我們表示同情，說條約太無理，他們願助中國挽回失地的一部分。在我們那時痛恨日本的情緒之下，這種友誼的表示是求之不得的。我們希望三國能把臺灣及遼東都替我們收回來。同時三國給予所謂友誼的勸告，說日本占領遼東半島不利於遠東和平。戰後之日本固不敢不依從三國的勸告，於是退還遼東，但加賠款三千萬兩。中國覺得遼東半島不止值三千萬兩，所以覺得應感激三國的援助。

《馬關條約》原定賠款二萬萬兩白銀，現在又加三千萬兩，中國當然不能負擔。威特一口答應幫中國從法、俄銀行借一萬萬兩，年息四釐。數目之大，利率之低，誠使我們受寵若驚。俄國真可算是我們的好朋友！

光緒二十二年（1896年），俄皇尼古拉二世（Nicholas II）行加冕典禮。帝俄政府向中國表示：當中、俄兩國特別要好的時候，中國應該派頭等大員去做代表，才算是給朋友面子。中國乃派李鴻章為慶賀加冕大使，這位東方的俾斯麥於是到歐洲去了。威特深知中國的心理，所以他與李鴻章交涉的時候，首言日本之可惡、可怕，這是李鴻章願意聽的話，也是全國人士願意聽的話。這種心理的進攻既然順

利，威特乃進一步陳言俄國對中國之援助是如何心有餘而力不足。他說當中、日戰爭之際，俄國本想參戰，但因交通不便，俄軍未到而中、日戰爭就完了。以後中國如要俄國給予有力的援助，中國必須使俄國修條鐵路橫貫東三省。李鴻章並未駁辯威特的理論，但主張中國境內之鐵路段應由中國自修。威特告以中國人力、財力不足，倘自修，則十年尚不能成，將緩不濟急。威特最後說，如中國堅拒俄國的好意，俄國就不再助中國了。這一句話把李鴻章嚇服了。

於是他與威特簽訂密約，俄許援助中國抵抗日本，中許俄國建築中東鐵路。光緒二十二年（1896年）的《中俄密約》是李鴻章終生的大錯。甲午戰爭以後，日本並無於短期內再進攻中國的企圖。是時日本政府反轉過來想聯合中國，因為西洋倘在中國勢力太大，是於日本不利的。威特的本意不是要援助中國，是要利用中東鐵路來侵略中國的。以後瓜分之禍及日俄戰爭、二十一條、九一八，這些國難都是那個密約引出來的。

李鴻章離開俄國以後，路過德、法、比、英、美諸國。他在柏林的時候，德國政府試探向他要代索遼東的報酬，他沒有答應。德國公使以後又在北京試探，北京也沒有答應。光緒二十三年（1897年）秋，山東曹州殺了兩個傳教士，德國乘機一面占領青島，一面想要租借膠州灣、青島，及在山東修鐵路和開礦的權利。中國於光緒二十四年（1898年）春答應了，山東就算是德國的勢力範圍。

俄國看見德國占了便宜，於是調兵船占旅順、大連。俄國說為維持華北的勢力均衡，並為助中國的方便，不能不有旅順、大連，並且還要修南滿鐵路。中國也只好答應。我們費三千萬贖回來的遼東半島，這時俄國又奪去了。俄國還說，他是中國唯一的朋友！俄國的外交最陰險：他以助我之名，行侵我之實。以後他在東北既有了中東鐵路、南滿鐵路及大連、旅順，東三省就成了俄國的勢力範圍。

1897年11月1日，德國傳教士理加略和能方濟被曹州當地大刀會成員殺死。11月13日，德國東洋艦隊司令棣立斯海軍上將率領「德皇號」、「威廉親王號」、「鸕鶿號」三艘巡洋艦從上海抵達膠州灣，隨後不久就占領了青島。1898年3月6日，李鴻章、翁同龢與德國公使海靖簽訂了《膠澳租界條約》。條約主要內容為，中國將膠州灣租與德國，租期99年；德國有在山東境內修建鐵路和開礦的權利。左邊照片中顯示的是被占領後的膠州城，城牆上站滿了德國士兵。

上面照片中顯示的是正在修築中的膠濟鐵路。《膠澳租界條約》簽訂後，德國便迫不及待地開始修築從沿海通往內地的鐵路，這條鐵路從青島向西一直修到濟南，1899年開工，1904年全線竣工通車，幹線全長395.2公里，支線長45.7公里。

於是英國要求租借威海衛和九龍，及長江流域的優越權利，法國要求租廣州灣及廣東、廣西、雲南的優越權利，日本要求福建的優越權利，義大利要求租浙江的三門灣。除義大利的要求以外，中國都答應了。這就是所謂瓜分。唯獨美國沒有提出要求，但他運用外交，使各國不完全割據各國所劃定的範圍，使各國承認各國在中國境內都有平等的通商權利，這就是歷史上有名的門戶開放主義。

這種瓜分運動就是甲午戰爭的敗仗引起的。在近代的世界，敗仗是千萬不能打的。

二、康有爲輔助光緒變法

假使我們是甲午到戊戌那個時代的人，眼看我們的國家被小小的日本打敗了，打敗了以後又要割地賠款，我們還不激昂慷慨想要救國嗎？又假使我們是那個時代的人，新知識、新技術都沒有，所能做的僅八股文章，所讀過的書僅中國的經史，我們救國方案還不是離不開我們的經典，免不了做些空泛而動聽的文章？假使正在這個時候，我們中間出了一個人提出一個偉大的方案，既合乎古訓，又適宜時局，其文章是我們所佩服的，其論調正合乎我們的胃口，那我們還不擁護他嗎？康有為就是這時代中的這個人。

康有為是廣東南海人，生在咸豐八年（1858年），比孫中山先生大八歲。他家好幾代都是讀書人。他的家教和他的先生朱九江給他的教訓，除預備他能應考試、取科名外，特別注重中國政治制度的沿革及一般所謂經世致用之學。他不懂任何外國文字，在戊戌以前，也沒

康有為（1858～1927年），字廣廈，號長素，又號明夷、西樵山人、游存叟等，廣東省南海縣丹灶蘇村人，人稱康南海，晚清時期重要的政治家、思想家、教育家，改革主義的代表人物。早在光緒十四年（1888年），康有為就上書光緒皇帝請求變法，只是受阻而未上達。《馬關條約》簽訂後，康有為聯合1,300多名舉人上萬言書，即歷史上有名的「公車上書」。變法維新失敗後，康有為逃亡日本，組織保皇會。1927年，病死於青島。

有到外國去過。但他到過香港、上海，看見西洋人地方行政的整齊，受了很大的刺激。他覺得這種優美的行政必有文化和思想的背景和源泉。可惜那個時候國內還沒有討論西洋政治經濟的書籍。康有為所能得的僅江南製造局，及教會所譯的初級天文、地理、格致、兵法、醫藥以及耶穌教經典一類的書籍。但他是個絕頂聰明的人，「能舉一反三，因小以知大，自是於其學力中別開一境界」。

我們已經說過，同、光時代李鴻章所領導的自強運動限於物質方面，是很不澈底的。後來梁啟超批評他說：

　　　　知有兵事而不知有民政，知有外交而不知有內治，知有朝廷而不知有國民，知有洋務而不知有國務。以為吾中國之政教風俗，無一不優於他國，所不及者惟槍耳、炮耳、船耳、機器耳。吾但學此，而洋務之能事畢矣。

這種批評是很對的。可是李鴻章的物質改革已遭時人的反對，倘再進一步地改革政治態度，時人一定不容許他。甲午以後，康有為覺得時機到了。李鴻章所不敢提倡的政治改革，康有為要提倡。這就是所謂變法運動。

　　中國自秦、漢以來，兩千多年，只有兩個人曾主張變法，一個是王莽，一個是王安石，兩個都失敗了。王莽尤其成為千古罪人，所以沒有人敢談變法。士大夫階級都以為法制是祖宗的法制，先聖先賢的法制，歷代相傳，絕不可變更的。康有為知道非先打破這個思想的難關，變法就無從下手。所以在甲午以前，他寫了一篇《孔子改制考》。他說孔子根本是個改革家，孔子作《春秋》的目的就是要改革法制。《春秋》的真義在《公羊傳》裡可以看出來。

　　《公羊傳》講「通三統」，那就是說夏、商、周三代的法制並無沿襲，各代都因時制宜，造出各代的法制。《公羊傳》又講「張三世」，那就是說，以專制政體對亂世，立憲政體對升平之世，共和政體對太平之世。康有為這本書的作用無非是抓住孔子做他思想的傀儡，以便鎮壓反對變法的士大夫。

　　康有為在甲午年中了舉人，乙未年中進士。他是那個國難時期的新貴。他趁機組織學會，發行報紙來宣傳，一時附和的人不少。大多數並不瞭解他的學說，也不知道他的改革具體方案，只有極少數可以說是他的忠實同志。但是他的運動盛極一時，好像全國輿論是擁護他的。

　　孔子是舊中國的思想中心。抓住了孔子，思想之戰就成功了。皇帝是舊中國的政治中心，所以康有為的實際政治工作是從抓住皇帝下手。他在嚴重的國難時期之中，一再上書給光緒皇帝，大講救國之道。光緒也受了時局的刺激，很想努力救國。他先研究康有為的著作，後召見康有為。他很賞識他，因為種種的困難，只教他在總理衙

光緒帝，愛新覺羅·載湉，清朝第十一位皇帝，在位共34年。光緒帝生父為道光帝第七子醇親王奕譞，同治帝死後被慈禧太后指定繼位。光緒十五年（1889年），光緒帝親政，但實際上大權仍掌握在慈禧太后手中。中日甲午戰敗後，光緒帝痛定思痛，遂極力支持維新派變法以圖強。「百日維新」失敗後，慈禧太后對外宣稱光緒帝罹病不能理事，實則將他幽禁於中南海瀛臺。光緒三十四年（1908年）十一月十四日，光緒帝暴崩，得年38歲，廟號德宗。

孫中山評價光緒帝道：「夫康梁，一以進士，一以舉人，而蒙清帝載湉特達之知，非常之寵，千古君臣知遇之隆，未有若此者也。百日維新，言聽計從，事雖不成，而康梁從此大名已震動天下。此誰為之？孰令致之？非光緒之恩，曷克臻此！」

門行走。戊戌春季的瓜分更刺激了變法派和光緒皇帝。於是他又派康有為的四位同志楊銳、劉光第、林旭、譚嗣同在軍機處辦事。從戊戌四月二十三日到八月初，康有為輔助光緒推行了百日的維新。

在這百日之內，康有為及其同志推行了不少的新政。其中最要緊的有兩件事。第一，以後政府的考試不用八股文，都用政治經濟的策論。換句話說，以後讀書人要做官不能靠虛文，必須靠實學；第二，調整行政機構。康有為裁汰了許多無用的衙門和官職，如詹事府、通政司、光祿寺、鴻臚寺、太僕寺、大理寺，以及與總督同城的巡撫，不治河的河督，不運糧的糧道，不管鹽的鹽道。同時他添了一個農工商總局，好像我們現在的經濟部，想要推行經濟建設。這兩件大新政，在我們今日看起來，都是應該早辦的。但在戊戌年間，雖然國難那樣嚴重，反對的人仍居大多數。為什麼呢？一句話，打破了他們的飯碗。人人都知道廢八股，提倡實學，但數百翰林，數千進士，數萬舉人，數十萬秀才，數百萬童生，全國的讀書人都覺得前功盡棄。他們費了多少心血，想從之乎者也裡面升官發財。一旦廢八股，他們絕望了。難怪他們要罵康有為為洋奴漢奸。至於被裁的官員，更不要說，無不切齒痛恨。

康有為既然抓住皇帝來行新政，反對新政的人就包圍西太后，求「太后保全，收回成命」。這時光緒雖做皇帝，實權仍在西太后手裡。他們兩人之間久不和睦。西太后此時想索性廢光緒皇帝。維新派的人於是求在天津練兵的袁世凱給他們武力的援助。袁世凱嫌他們孟浪，不肯合作，而且洩露他們的機密。西太后先發制人，把光緒囚禁起來，說皇帝有病，不能理事，復由太后臨朝訓政。康有為逃了，別人也有逃的，也有被西太后處死的。他們的新政完全被打消了。

三、頑固勢力總動員

在戊戌年的變法運動之中，外國人頗偏袒光緒帝及維新派，反對西太后及頑固黨。因此一個內政的問題就發生國際關係了。後康有為、梁啟超逃難海外，又得到外國人的保護。他們在逃難之中發起保皇會，鼓動外國人和華僑擁護光緒。這樣，西太后和頑固黨就恨起洋人來了。西太后要廢光緒，立端王載漪的兒子溥儁做皇帝。剛毅、崇綺、徐桐、啟秀諸頑固分子想在新王之下操權，於是慫恿廢立。但各國駐京公使表示不滿意，他們的仇外心理更進了一層。

頑固黨僅靠廢立問題還不能號召天下，他們領導的運動所以能擴大，這是因為他們也是愛國分子。自鴉片戰爭到庚子年，這六十年中所受的壓迫，所堆積的憤慨，他們覺得中國應該火速抗戰，不然國家就要亡了。我們不要以為頑固分子不愛國，從鴉片戰爭起，他們是一貫地反對屈服，堅強地主張抗戰。在戊戌年，西太后復政以後，她硬不割讓三

門灣給義大利。她令浙江守土的官吏準備抗戰。後義大利居然放棄了他的要求，頑固黨更加覺得強硬對付洋人是對的。

外國人在中國不但通商占地，還傳教，這一層尤其招頑固分子的憤恨。他們覺得孔、孟的遺教是聖教，洋人的宗教是異端，是邪教。中國最無知的愚民，都知道孝敬父母，尊順君師，洋人是無父無君的。幾千年來，都是外夷學中國，沒有中國學外夷的道理。這種看法在當時是很普遍的。譬如大學士徐桐是大理學家倭仁的門弟子，自己也是個有名的理學家，在當時的人物中，算是一個正派君子。他和他的同志是要保衛中國文化而與外人戰。他們覺得鏟草要除根，排斥異端非盡驅逐洋人不可。

但是中國與日本戰尚且打敗了，怎能一時與全世界開戰呢？頑固分子以為可以靠民眾。利用民眾、「民心」或「民氣」去對外，是林則徐、徐廣縉、葉名琛一直到西太后、載漪、剛毅、徐桐傳統的法寶。凡是主張剿夷的莫不覺得四萬萬同胞是有勝無敗的。甲午以後，山東正有民間的義和團出現。頑固分子覺得這個義和團正是他們所需要的武力。

義和團（又名義和拳）最初是大刀會，其本質與中國流行民間的各種會匪並無區別。這時的大刀會專以洋人，尤其是傳教士為對象，民眾對洋人也有多年的積憤。外國傳教士免不了偏袒教徒，而教徒有的時候免不了仗洋人的勢力欺侮平民。民間許多帶宗教性質的廟會敬神，信基督教的人不願意合作。這也引起教徒與非教徒的衝突。民間尚有種種謠言，說教士來中國的目的不外挖取中國人的心眼以煉丹藥；又一說教士竊取嬰孩腦髓、室女紅丸。民間生活是很痛苦的，於是把一切罪惡都歸到洋人身上。洋人，附洋人的中國人，以及與洋人有關的事業，如教堂、鐵路、電線等，皆在被打倒之列。義和團的人自信有鬼神保佑，洋人的槍炮打不死他們。山東巡撫李秉衡及毓賢前後鼓勵他們，因此他們就以扶清滅洋的口號在山東擾亂起來。

當時外國人繪製的義和團民畫像。

《辛丑條約》簽訂於1901年9月7日，故有「九七國恥」一說。《辛丑條約》是中國近代史上賠款數目最龐大、主權喪失最嚴重的不平等條約，從此中國澈底淪為半殖民地半封建社會。照片顯示的即為《辛丑條約》的簽字現場，其中有荷蘭公使克羅伯、西班牙公使葛絡榦、俄國公使格爾斯、德國公使穆默、英國公使薩道義、日本公使小村壽太郎、意大利公使薩爾瓦多·拉吉、比利時公使姚士登、奧匈帝國公使齊榦、美國公使柔克義、法國公使鮑渥、聯芳、李鴻章、慶親王奕劻。

　　己亥年（光緒二十五年，1899年）袁世凱做山東巡撫，他就不客
氣，把義和團當做亂民，派兵痛剿。團民在山東站不住，於己亥冬庚
子春逃入河北。河北省當局反表示歡迎，所以義和團就在河北得勢
了。毓賢向載漪、剛毅等大替義和團宣傳，說他們如何勇敢、可靠。
載漪和剛毅介紹義和團給西太后，於是義和團在北京得勢了。西太后
及想實行廢立的親貴，頑固的士大夫及頑固愛國志士，都與義和團打
成一片，精誠團結去滅洋，以為滅了洋人，他們各派的公私目的都能

↑因為德國公使克林德在義和團運動中被殺，所以清政府特委派光緒帝的親弟弟醇親王載灃為「頭等專使大臣」赴德國賠罪。上面這張照片是其途經香港時拍攝的，照片中居中坐者即為剛滿18歲的載灃。

←所謂八國聯軍，是指大英帝國、美利堅合眾國、法蘭西第三共和國、德意志帝國、俄羅斯帝國、日本帝國、奧匈帝國、義大利王國等國派遣的聯合遠征軍。1900年8月14日，八國聯軍攻入北京，隨後展開大肆屠殺和劫掠。據記載：「城破之日，洋人殺人無數；但聞槍炮轟擊聲，婦幼呼救聲，街上屍體枕籍。」就連前文提到的戶部尚書崇綺的妻子和女兒也遭到八國聯軍數十人輪姦，歸來後全家自盡，崇綺亦服毒自殺。左邊照片顯示的是八國聯軍總司令瓦德西率軍由午門進入紫禁城的情景。

達到。庚子年拳匪之亂是中國頑固勢力的總動員。

　　經過四次的御前會議，西太后乃於五月二十五日向各國同時宣戰。到七月二十日，董福祥的軍隊連同幾萬拳匪，拿著他們的引魂幡、混天大旗、雷火扇、陰陽瓶、九連環、如意鉤、火牌、飛劍及其他法寶，僅殺了一個德國公使，連東交民巷的公使館都攻不破。同時八國聯軍由大沽口進攻，占天津，慢慢地逼近北京。於是西太后同光緒皇帝逃到西安。李鴻章又出來收拾殘局。

　　拳匪之亂的結束是《辛丑條約》，除懲辦禍首及道歉外，《辛丑條約》有三個嚴重的條款：第一，賠款四萬萬五千萬兩，分三十九年還清，在未還清以前，按每年四釐加利，總計是九萬萬八千餘萬兩。俄國的部分最多（那時中、俄尚是聯盟國），占百分之二十九；德國

占領中國東北的俄軍官兵合影。

次之，占百分之二十；法國占百分之十六弱，英國占百分之十一強，日本與美國各占百分之七強。第二，各國得自北京到山海關沿鐵路線駐兵。近來日本增兵平、津，就藉口《辛丑條約》。第三，劃定並擴大北京的使館區，且由各國留兵北京以保禦使館。

這種條款夠嚴重了，但我們所受的損失最大的還不是《辛丑條約》的各款，此外還有東三省的問題。庚子年，俄國趁拳亂派兵占領全東北三省。《辛丑條約》訂了以後，俄國不肯退出，反向中國要求各種特殊權利。假使中國接受了俄國的要求，東北三省在那個時候就要名存實亡了。張之洞、袁世凱竭力反對接受俄國的條款，日本、英國、美國從旁贊助他們。李鴻章主張接受俄國的要求，但是幸而他在辛丑的冬天死了，不然東北三省就要在他手裡送給俄國了。日本、英國眼見形勢不好，於壬寅年（光緒二十八年，1902年）年初，締結同盟條約來對付俄國。美國雖未加入，但表示好感。中國當時的輿論亦贊助同盟。京師大學堂（以後的北京大學）的教授上書政府，建議中國加入同盟，變為中、日、英三國的集團來對付俄國。俄國看見國際情形不利於他，乃與中國訂約，分三期撤退俄國在東三省的軍隊。條約雖簽字了，俄國以後又中途變計，日本乃出來與俄國交涉。光緒三十年（1904年）兩國交涉失敗，就在我們的國土上打起仗來了。

那一次的日俄戰爭，倘若是俄國全勝了，不但我們的東三省，連高麗都要變為俄國的勢力範圍；倘若日本澈底地打勝了俄國，那高麗和東北就要變為日本的範圍，中國左右是得不了便宜的。幸而事實上日本只局部地打勝了，結果兩國講和的條約仍承認中國在東北的主權，不過劃北滿為俄國鐵路及其他經濟勢力的範圍，南滿包括大連、旅順在內，為日本的範圍。這樣日、俄形成對峙之勢，中國得以收些漁人之利。

四、孫總理提民族復興方案

在未述孫中山先生的事業以前，我們試回溯中國近代史的過程。我們說過，我們到了十九世紀遇著空前未有的變局。在十九世紀以前，與中華民族競爭的都是文化不及中國，基本勢力不及中國的外族。到了十九世紀，與中國抗衡的是幾個以科學、機械及民族主義立國的列強。我們在道光年間雖受了重大的打擊，仍舊不覺悟，不承認國家及民族的危險，因此不圖改革，枉費了民族二十年的光陰。直到受了英法聯軍及太平天國的痛苦，然後有同治初年由奕訢、文祥、曾國藩、李鴻章、左宗棠領導的自強運動。這個運動就是中國近代史上第一個應付大變局的救國、救民族的方案。簡單地說，這個方案是要學習運用及製造西洋的軍器來對付西洋人。這是一個不澈底的方案，後來又是不澈底地實行。為什麼不澈底呢？一則是因為提案者對於西洋文化的認識根本有限，二則因為同治、光緒年間的政治制度及時代

精神不容許自強運動的領袖們前進。同時代的日本採取了同一路線，但是日本的方案比我們的更澈底。日本不但接受了西洋的科學和機械，而且接受了西洋的民族精神及政治制度的一部分。甲午之戰是高度西洋化、近代化之日本戰勝了低度西洋化、近代化之中國。

甲午以後，康有為所領導的變法運動是中國近代史上救國救民族的第二個方案。這個方案的主旨是要變更政治制度，其最後目的是要改君主立憲，以期民族精神及維新事業得以在立憲政體之下充分發揮和推進。變法運動無疑是比自強運動更加西洋化、近代化。康有為雖託孔子之名及皇帝的威嚴去變法，他依舊失敗，因為西太后甘心做頑固勢力的中心。清政府皇室及士大夫階級和民間的頑固勢力本極雄厚，加上西太后的支助，遂成了一種不可抑遏的反潮。嚴格說來，拳匪運動可說是中國近代史上第三個救國、救民族的方案，不過這個方案是反對西洋化、近代化的，與第一、第二兩個方案是背道而馳的。拳匪的慘敗是極自然的。慘敗代價之大，足證中華民族要圖生存絕不可以開倒車。

等到自強、變法、反動都失敗了，國人然後注意孫中山先生所提出的救國、救民族方案。這個方案的偉大與孫中山先生的少年環境是極有關係的。

中山先生是廣東香山縣人，生於前清同治五年（1866年）。他的家庭是中國鄉下貧苦農夫的家庭。他小的時候就在田莊上幫助父親耕種。十三歲，他隨長兄德彰先生到檀香山，他在那裡進了教會學校。十六歲的時候，他回到廣州入博濟醫學校。次年，他轉入香港英國人所設立的醫學專科。他在這裡讀書共十年，於光緒十八年（1892年）畢業，成醫學博士。中法戰爭的時候，他正好十九歲，所受刺激很大。他在學校所結納的朋友，如鄭士良、陳少白、陸皓東等多與祕密反對清政府的會黨有關。所以在這個時候，他已有了革命的思想。

↑ 孫中山從小在教會學校讀書，受到的是西方近代教育，這是其具有科學而先進思想的基礎。教會學校是在鴉片戰爭之後由來華傳教士創辦的，本意是傳播宗教教義，但同時也傳播了很多科學文化知識，以及近代的教育理念，這在客觀上對晚清時期的中國近代教育起到了極大的推動作用，培養了大量的人才。照片中顯示的即是二十世紀初一所上海的教會學校裡學生們正在上課的情景。

←青年孫中山的肖像照。

中山先生的青年生活有幾點值得特別注意：第一，他與外人接觸最早，十三歲就出國了。他所入的學校全是外國人所設立的學校。他

對西洋情形及近代文化的認識遠在李鴻章、康有為諸人之上。這是我民族一種大幸事。因為我們既然只能從近代化找出路，我們的領袖人物應該對近代化有正確深刻的認識；第二，中山先生的教育是科學的教育，而且是長期的。科學的思想方法是近代文化的至寶。但是這種方法不是一、兩個月的訓練班或速成學校所能培養的。倘若不瞭解這一點，我們就不能瞭解為什麼中山先生所擬的救國方案能超越別人所提的方案。中山先生所提的一切方案是具體的、精密的、有步驟的，方方面面都顧到的，因為他的思想是受過長期科學訓練的。

光緒十年（1884年）的中法之戰給了中山先生很大的刺激。光緒二十年（1894年）的中日之戰所給的刺激更大。此後，他完全放棄行醫，專門從事政治。次年，他想襲取廣州，以為革命的根據地。不幸事洩失敗，他逃到國外。在檀香山的時候，他組織了興中會。當時風氣未開，清廷監視很嚴，所以興中會的宣言不提革命，只說政府腐敗，國家危急，愛國志士應該聯合起來以圖國家的富強。宣言雖是這樣的和平，海外僑胞加入興中會的還是很少。中山先生從檀香山到美國、英國，一面鼓吹革命，一面考察英、美的政治。在英國的時候，使館職員誘他入館，祕密地把他拘禁起來，想運送回國。幸而得到他學校教師的援助終得脫險，後又赴法。這是中山先生初次在海外逃難的時期，也是他革命的三民主義初熟的時期。

庚子拳匪作亂的時候，鄭士良及史堅如兩同志奉中山先生的命令想在廣東起事，不幸都失敗了。但是庚子年的大悲劇動搖了許多人對清政府的信念。留學生到日本去的也大大地增加，從此中山先生的宣傳容易的多，信徒增加也很快。日本朋友也有贊助的。到了甲辰年（光緒三十年，1904年），他在日本組織同盟會，並於隔年（1905年）創辦《民報》。這是中華民族初次公開的革命團體。《同盟會宣言》及《民報發刊詞》是中山先生初次公開、正式以革命領袖的資

1905年8月20日，在東京赤阪區一所民宅二樓的房間裡，由興中會、華興會和光復會等革命團體合併而成為中國同盟會。孫中山被推選為同盟會的總理，黃興被推選為負責執行的庶務。會上通過了孫中山起草的《同盟會宣言》，確認孫中山提出的「驅除韃虜，恢復中華，創立民國，平均地權」的十六字綱領，該綱領後又被解釋為三民主義學說。照片所顯示的是孫中山與同盟會芝加哥分會會員的合影。

格，向全世界發表他的救國、救民族方案。甲辰以後，中山先生尚有二十年的革命工作，對他所擬的方案尚有不少的補充，但他終身所信奉的主義及方略的大綱已在《同盟會宣言》和《民報發刊詞》裡面立定基礎了。

《民報發刊詞》說明了三民主義的歷史必然性。歐洲羅馬帝國滅亡以後，各民族割據其地，慢慢地養成其各自的語言、文字、風俗、法制。到了近代，各民族遂成了民族國家。但在各國之內王室專制，

平民沒有參政之權，以致民眾受到壓迫的痛苦。十八世紀末年，十九世紀初年，歐人乃舉行民權的革命。在十九世紀，西洋人雖已實行民族主義和民權主義，但社會仍不安。這是因為歐、美在十九世紀科學發達，工業進步，社會貧富不均，中國應在工業初起的時候防患未然，利用科學和工業為全民謀幸福，這就是民生主義。中山先生很激昂地說：

> 夫歐、美社會之禍，伏之數十年，及今而後發現之，又不能使之遽去。吾國治民生主義者，發達最先，睹其禍害於未萌，試可舉政治革命、社會革命，畢其功於一役，還視歐、美，彼且瞠乎後也。

這是中山先生的愛國熱忱和科學訓練所創作的救國方案，其思想的偉大是古今無比的。

但是民族主義和民權主義在西洋尚且未實現，以落伍的中國，外受強鄰的壓迫，內部又滿布封建的思想，何能同時推行三民主義呢？這豈不是偏於思想嗎？有許多人直到現在還這樣批評中山先生。三十三年以前，當同盟會初組織的時候，就是加盟者大部分也陽奉陰違，口信心不信。反對同盟會的人更不必說了。他們並不否認三民主義的偉大，他們所猶豫的是三民主義實行的困難。其實中山先生充分地顧到了這層困難。他的革命方略就是他實行三民主義的步驟。同盟會宣言的下半說明革命應分軍法、約法、憲法三時期，就是以後所謂軍政、訓政、憲政三階段。一般淺識的人承認軍政、憲政之自然，但不瞭解訓政階段是必要的，萬不能免的。中山先生說過：

> 由軍政時期一蹴而至憲政時期，絕不予革命政府以訓練人

民之時期，又絕不予人民以養成自治能力之時間，於是第一流弊在舊汙未由蕩滌，新治未由進行；第二流弊在粉飾舊汙以為新治；第三流弊在發揚舊民，壓抑新治。更端言之，即第一，民治不能實現；第二，為假民治之名行專制之實；第三，則並民治之名而去之矣。此所謂事有必至，理有固然者。

　　當時在日本與同盟會的《民報》抗爭者，是君主立憲派的梁啟超所主持的《新民叢報》。梁啟超是康有為的門徒，愛國而博學。他反對打倒清政府，反對共和政體。他要維持清室而行君主立憲，所以他在《新民叢報》裡再三發表文章攻擊中山先生的民族主義和民權主義。他說中國人民程度不夠，不能行共和制，如行共和制必引起多年的內亂和軍閥的割據。他常引中國歷史為證：中國每換一次朝代必有長期的內亂。梁啟超說，在閉關自守時代，長期的內亂尚不一定要亡國，現在列強虎視，一不小心，我們就可遭亡國之禍。民國以來的事實似乎證明了梁啟超的學說是對的。其實民國以來的困難都是由於國人不明瞭，因而不接受訓政。

　　孫中山先生的三民主義和革命方略無疑是中華民族唯一復興的路徑，我們不可一誤再誤了。

五、民族掃除復興的障礙

　　庚子拳匪之亂以後，全體人民感覺清政府是中華民族復興的一種障礙，這種觀察是很有根據的。甲午以前，因為西太后要重修頤和園，中國海軍有八年之久不能添造新的軍艦。甲午以後，一則因為西太后與光緒爭權，二則因為清政府的親貴以為維新就是漢人得勢，滿人失權，西太后和親貴就煽動全國一切反動勢力來打倒新政。我們固不能說，滿人都是守舊的，漢人都是維新的，因為漢人之中，思想腐舊的也大有人在。事實上，滿人居領袖地位，他們一言一行的影響大，而他們中間守舊的成分實在居大多數。而且他們反對維新就是藉以排漢，所以庚子以後，清政府雖逐漸推行新政，漢人始終不信服他們，不認為他們是有誠意的。

　　庚子年的冬天，西太后尚在西安的時候，她就下詔變法。以後在辛丑到甲辰（1901～1904年）那四年內，她裁汰了好幾個無用的衙

門，廢科舉，設學校，練新兵，派學生出洋，許滿、漢通婚。戊戌年康有為要輔助光緒帝施行的新政，這時西太后都行了，而且超過了。日本勝了俄國以後，時人都覺得君主立憲戰勝了君主專制。於是在乙巳年（1905年）的夏天，西太后派載澤等五大臣出洋考察各國憲法，表示要預備立憲。丙午、丁未、戊申三年成了官制及法制的大調整時期。

丙午（1906年）九月，釐定中央官制。前清中央主要的機關有內閣、軍機處、六部、九卿。所謂九卿，多半是無用的衙門。六部採用委員制，每部有滿、漢尚書各一，滿、漢侍郎各二，共六人主政，責任不專，遇事推諉，並且自道、咸以後，各省督撫權大，六部成了審核機關，本身幾全不舉辦事務。軍機處是前清中央政府最得力的機關，原是內閣分出來的一個委員會，實際輔佐皇帝處理大政的。自軍機處在雍正年間成立以後，內閣變成一種裝飾品。丙午年的改革，保存了軍機處，此外設立十一部，每部以一個尚書為最高長官。這種改革雖不圓滿，比舊制實在是好多了。但十一名尚書發表以後，漢人只占五人，比以前六部滿、漢各一的比例還差了些。所以這種改革，不但未緩和漢人的不平，反加增了革命運動的力量。

丁未年（1907年）清政府決定設資政院於北京，作為中央的民意機關；設諮議局於各省，作為地方的民意機關。戊申年（1908年），清政府頒布憲法大綱，並規定九年為預備立憲時期。如果真要立憲，九年的預備實在還不夠，但是因為當時國人對清政府全不信任，故反對九年的預備，說清政府不過借預備之名擱置立憲。

清政府在這幾年之內，不但借改革以收漢人的政權，並且鐵良和良弼想盡了法子把袁世凱的北洋兵權也奪了。等到戊申年（1908年）的秋天，宣統繼位，其父載灃做攝政王的時候，第一條命令是罷免袁世凱。此時漢人之中尚忠於清廷而又有政治手腕者，袁世凱要算是第一，載灃還要得罪他，這不是清政府自取滅亡嗎？

《辛丑條約》簽訂後，清政府決心推行新政，其中一項就是進行軍事改革。改進之後的清軍因武器裝備全用洋槍洋炮，編制和訓練盡仿西方軍隊，故稱新軍。但頗具諷刺的是，這支原本用來加強清政府統治的軍隊，卻在辛亥革命中成了推翻其統治的主力軍。照片中顯示的是正在進行操練的新軍，前排站立者中，左起依次為陸軍部尚書蔭昌、兩江總督端方和安徽巡撫朱家寶。

　　同盟會和其他革命志士看清了滿人的把戲，積極地圖以武力推倒清政府的政權。丙午年（1906年），同盟會的會員蔡紹南、劉道一聯合湖南和江西交界的祕密會黨在瀏陽和萍鄉起事。他們的宣言明說他們的目的是要打倒清政府，建立民國，平均地權。這是同盟會成立以後的第一次革命，也是三民主義初次充當革命的目標。不幸失敗了。同時還有許多革命黨員祕密地在武昌及南京的新軍中運動革命，清廷簡直是防不勝防。

　　這時日本政府應清政府的請求，強迫孫中山先生離開日本。中山

先生乃領導胡漢民、汪精衛等到安南，在河內成立革命中心。他們在丁未年（1907年）好幾次在潮州、惠州、欽州、廉州及鎮南關各處起事。戊申年（1908年）又在河口起事，均歸失敗。同時江、浙人所組織的光復會也極活躍。丁未年（1907年）五月，光復會首領徐錫麟殺安徽巡撫恩銘，此事牽連了他的同志秋瑾，兩人終皆遇害。戊申年（1908年）十月，熊成基帶安徽新軍一部分突破安慶。他雖失敗了，但他的行動表明長江一帶的新軍已受到革命思想的影響。

　　丁未、戊申兩年既受了這許多的挫折，同盟會的多數領袖主張革命策略應該變更。胡漢民當時說過：「此後非特暗殺之事不可行，即零星散碎不足制彼虜死命之革命軍亦斷不可起。」汪精衛反對此說，他相信革命志士固應有恆德，「擔負重任，積勞怨於一躬，百折不撓，以行其志」，但是有些應該有烈德，「猛向前進，一往不返，流

1908年11月15日，就在光緒皇帝駕崩僅一天之後，慈禧太后——這位實際掌控中國近半個世紀之久的女人病逝於中南海儀鸞殿，享年74歲，諡號「孝欽慈禧端佑康頤昭豫莊誠壽恭欽獻崇熙配天興聖顯皇后」，簡稱「孝欽顯皇后」。慈禧太后諡號的長度為清代及中國歷代皇后之最。三年後，辛亥革命爆發，清朝滅亡。照片中顯示的是慈禧太后出殯時的場景。

血以溉同種」。他和黃復生祕密地進入北京，謀刺攝政王載灃。後事不成被捕下獄。這是庚戌宣統二年（1910年）的事情。

汪精衛獨行其烈德的時候，中山先生和胡漢民、黃興、趙聲正在南洋向華僑募捐，想大規模地、有計畫地向清政府進攻。這是汪精衛所謂恆德。他們於庚戌年（1910年）十一月在檳榔嶼訂計畫，先占廣州，然後北伐，「以黃興統一軍出湖南趨湖北，趙聲統一軍出江西趨南京」。訂了計畫以後，他們分途歸國。次年辛亥宣統三年（1911年），三月二十九日的黃花崗七十二烈士之役是他們的計畫實現。軍事上雖失敗了，心理上則大成功，因為革命精神從此深入國民的腦際。

正在這個時候，清廷宣布鐵路國有的計畫，給了革命黨人一個很好的宣傳機會。那時待修的鐵路，以粵漢、川漢兩路最為急迫。困難在資本的缺乏。四川、湖北、湖南諸省的人民乃組織民營鐵路公司，想集民股築路。其實民間的資本不夠，公司的領袖人物也有假公濟私的，所以成績不好，進行很慢。郵傳大臣盛宣懷乃奏請借外債修路，把粵漢、川漢兩路都收歸國有。借外債來建設本來是一種開明的政策，鐵路國有也是不可非議的。不過盛宣懷的官聲不好，清政府已喪失人心，就是行好政策，人民都不信任，何況民營公司的股東又要損失大利源呢？因以上各種緣故，鐵路國有的問題就引起多數人的反對，革命黨又從中煽動，竟成了大革命的導火線。

同盟會的革命策略本注重廣東，但自黃花崗失敗以後，陳其美、宋教仁、譚人鳳等就想利用長江流域做為革命策源地。他們在上海設立同盟會中部總會。譚人鳳特別注重長江中游之兩湖。那時湖北新軍中的蔣翊武組織文學社於武昌，藉以推動革命。在湖南活動的焦達峰及在湖北活動的孫武和居正另外組織共進會。這兩個團體雖有同盟會的會員參加，但並不是同盟會的支部，而且最初彼此頗有摩擦。經譚人鳳調和以後，共進會和文學社始合作。

黃花崗起義是同盟會發動的第10次起義。1911年4月27日下午，黃興率領約200名敢死隊員分四路分別攻打兩廣總督衙門、小北門、巡警教練所和守南大門。隨後起義的隊伍與清軍展開激烈巷戰，但因寡不敵眾而失敗，黃興僥倖脫險。事後，同盟會會員潘達微收殮了起義者的遺骸72具，合葬於廣州城東的黃花崗。

孫中山將此役評價為：「是役也，碧血橫飛，浩氣四塞，草木為之含悲，風雲因而變色，全國久蟄之人心，乃大興奮。怨憤所積，如怒濤排壑，不可遏抑，不半載而武昌之大革命以成。則斯役之價值，直可驚天地、泣鬼神，與武昌革命之役並壽。」照片中顯示的是此次起義中被清軍俘獲的同盟會會員，隨後全部壯烈犧牲。

　　同盟會的首領原來想在長江一帶應該有好幾年的預備工作，然後才可以起事。但四川、湖北、湖南爭路的風潮擴大以後，他們就決定在辛亥年（宣統三年，1911年）秋天起事。發難的日期原定舊曆八月十五日，後因預備不足，改遲十天。卻在八月十八日，革命黨的機關被巡捕破獲，黨人名冊也被搜去。於是倉促之間定八月十九，即陽曆十月十日起事。

　　辛亥武昌起義的領袖是新軍的下級軍官熊秉坤。他率隊直入武

1911年10月10日，武昌起義爆發，起義的士兵首先攻占了楚望臺軍軍械庫，並得到了武昌城內外駐守新軍中革命黨人的響應。隨後，起義軍兵分三路進攻總督署和旁邊的湖北新軍第八鎮司令部，經過一整夜的激戰，起義軍掌控了整個武昌城。10月12日，革命黨人又在漢陽發動起義並攻占了漢口。至此，武漢三鎮全部掌握在革命軍手中。照片中即為起義期間革命軍士兵的合影。

昌，進攻總督衙門。總督瑞澂當即不抵抗出逃，新軍統制張彪也跟著他逃，於是武昌文武官吏均棄城逃走，武昌便為革命軍所據。革命分子臨時強迫官階較高、聲望較好的黎元洪做革命的都督。

　　武昌起義以後，一個月之內，湖南、陝西、江西、山西、雲南、安徽、江蘇、貴州、浙江、廣西、福建、廣東、山東十三省相繼宣布獨立，並且沒有一個地方發生激烈的戰爭。清政府的滅亡，不是革命軍以軍力打倒的，是清朝自己瓦解的。各獨立省選派代表，制定臨時

↑武昌起義爆發後，清政府隨即發出「剿辦」武漢「革黨」上諭，陸軍大臣蔭昌遂率湖北周邊的清軍及北洋新軍陸續趕赴武漢鎮壓。10月14日，清廷下詔起復袁世凱。15日，袁世凱致函時任內閣總理大臣的奕劻，決定奉詔出山，然後南下督師。照片中顯示的是駐紮在北京的新軍正列隊通過東西牌樓前往前門火車站，準備南下武漢。

←10月18日起，革命軍和陸續到來的清軍展開了激烈的「漢口爭奪戰」。此役中，雖然革命軍取得了一系列的勝利，但最後卻因為種種原因，導致漢口於11月1日被清軍占領。11月27日，漢陽也被清軍攻占。此後，革命軍全力轉入防禦武昌。12月2日，武漢革命軍與清軍達成停戰協定。照片中顯示的是守衛在襄河旁的革命軍，他們與進攻漢陽的馮國璋所率的5,000清軍在此激戰。

約法，並公舉孫中山先生為中華民國的臨時總統。我們這個古老的帝國，忽然變為民國了。

清政府到了山窮水盡的時候，請袁世凱出來挽回大局。這種臨時抱佛腳的辦法是不會生效的。袁世凱替清室謀得的不過是退位以後的優待條件，為自己卻得了中華民國第一任正式總統的地位。

辛亥革命打倒了清政府，這是革命唯一的成績。清政府打倒了以後，我們固然掃除了一種民族復興的障礙，但是等到我們要建設新國家的時候，我們又與民族內在的各種障礙面對面了。

1911年12月20日，孫中山經香港回國。12月25日，中華民國南京臨時政府成立。1912年1月1日，孫中山正式就任中華民國臨時大總統。照片中顯示的是孫中山就任臨時大總統的前一天，南京軍警在街頭強行剪除路人辮子的情景，以此宣告清政府的垮臺及共和的開始。

六、軍閥割據十五年

　　民國元年（1912年）的民國有民國必須具備的條件嗎？當然沒有。在上了軌道的國家，政黨的爭權絕不使用武力，所以不致引起內戰。軍隊是國家的，不是私人的。軍隊總服從政府，不問主政者屬於哪一黨派。但是民國初年，在我們這裡，軍權就是政權。辛亥的秋天，清政府請袁世凱出來主持大政，正因為當時全國最精良的北洋軍隊是忠於袁世凱的。中山先生在民國元年所以把總統的位置讓給袁世凱也與這個緣故有關。我們說過，在太平天國以前，中國並沒有私有的軍隊，有之從湘軍起。湘軍的組織和精神傳給了淮軍，淮軍又傳給了北洋軍，以致流毒於民國。不過湘軍和淮軍都隨著他們的領袖盡忠於清朝，所以沒有引起內亂。到了民國，沒有皇帝了，北洋軍就轉而盡忠於袁世凱。

　　為什麼民國初年的軍隊不盡忠於民國，不擁護民國的憲法呢？我

1912年2月15日，已提出辭呈的孫中山率南京臨時政府官員謁祭明孝陵。前排左三為南京臨時政府南京衛戍總督徐紹楨，左四為陸軍總長黃興，左五為臨時大總統孫中山，左六為海軍總長黃鍾瑛，左七露半張臉而戴眼鏡者是教育總長蔡元培。

們老百姓的國民程度是很低的。他們當兵原來不是要保衛國家，是要解決個人生計問題的。如不加以訓練，他們不知道大忠，那就是忠於國家和忠於主義，只知道小忠，忠於給他們衣食的官長，和忠於他們同鄉或同族的領袖。野心家知道中國人民鄉族觀念之深，從而利用之，以達到他們的割據企圖。

工商界及學界的人何以不起來反對軍閥呢？他們在專制政體下做了幾千年的順民，不知道什麼是民權。忽然要他們起來做國家的主人翁，好像一個不會游水的人，要在海洋的大波濤之中去游泳，勢非淹死不可。知識階級的人好像應該能做新國民的模範，其實也不盡然。第一，他們的知識都偏於文字方面，古書讀得愈多，思想就愈腐舊，愈糊塗。留學生分散到各國各校各學派，回國以後，他們把萬國的學說都帶回來了，五花八門，彼此爭辯，於是軍閥的割據之上又加了思想的分裂。第二，中國的讀書人素以做官為唯一的出路。民國以來，他們中間有不少的人唯恐天下不亂，因為小朝廷愈多，他們做官的機會就愈多。所以知識階級不但不能制止軍閥，有的時候，反助紂為虐。

那麼，我們在民國初年絕對沒有方法引國家上軌道嗎？有的，就是孫中山先生的建國方略和三民主義。中山先生早已知道清政府不是中國復興唯一的障礙。其他如國民程度之低劣，國民經濟之困難，軍隊之缺乏主義認識，這些他都顧慮到了。所以，他把建國的程式分為軍政、訓政、憲政三個時期。但是時人不信他，因為他們不瞭解他的思想。他們以為清政府是我們唯一的障礙，清政府掃除了，中國就可以從幾千年的專制一躍而達到憲政。這樣，他們正替軍閥開了方便之門。這就是古人所謂「欲速則不達」。在民國初年，不但一般人不瞭解中山先生的思想，即使同盟會的會員瞭解的也很少。中山先生並沒有健全的革命黨做他的後盾。至於革命更談不到。當時軍隊的政治認

識僅限於排滿一點，此外都是些封建思想和習慣，只能夠做反動者的工具。中山先生既然沒有健全的革命黨和健全的革命軍幫他推動他的救國、救民族方案，他就毅然決然讓位於袁世凱，一方面希望袁世凱能不為大惡，同時他自己以在野的資格，努力造黨和建設。

假使中華民族不是遇著帝國主義壓迫的空前大難關，以一個曹操、司馬懿之流的袁世凱當國主，樹立一個新朝代，那我們也可馬虎下去了。但是我們在二十世紀所需要的，是一個認識新時代而又能領導我們向近代化那條路走的偉大領袖。袁世凱絕不是個這樣的人。他不過是中國舊環境產生的一個超等的大政客。在他的任內，他借了一

孫中山卸任臨時大總統之後，袁世凱於3月10日在北京宣誓就職中華民國第二任臨時大總統。照片中顯示的是1913年身穿前清陸軍上將制服的袁世凱（前排左三）會見美國公使嘉樂恆（前排左四）時的情景。

大批外債，用暗殺的手段除了他的大政敵宋教仁，擴充了北洋軍隊的勢力，與日本訂了民國四年（1915年）的條約，最後聽了一群小人的話，幻想稱帝。等到他於民國五年（1916年）六月六日死的時候，他沒有做一件於國有益、於己有光的事情。

袁死了以後，靠利祿結合的北洋軍隊當然四分五裂了。大小軍閥，遍地皆是，他們混打了十年，他們都是些小袁世凱。到了民國十五年（1926年）的夏季，中國的政治地圖分割到什麼樣子呢？第一，東北四省和河北、山東屬於北洋軍閥奉系的巨頭張作霖。他在北京自稱大元帥，算是中華民國的元首。第二，長江下游的江、浙、皖、閩、贛五省是北洋軍閥直系孫傳芳的勢力範圍。孫氏原來是吳佩孚的部下，不過到了民國十五年（1926年），孫氏已羽翼豐滿，不再居吳佩孚之下了。第三，湖北同河南仍屬於直系巨頭、曾擁戴曹琨為總統的吳佩孚。第四，山西仍屬於北洋之附庸而保持獨立、專事地方建設之閻錫山。第五，西北算是吳佩孚的舊部下、且傾向於革命之馮玉祥的勢力範圍。第六，西南的四川、雲南、貴州屬於一群內不能統一，外不能左右大局的軍閥。第七，廣東、廣西、湖南三省是革命軍的策源地。從元年到十五年，我們這個國家的演化達到了這種田地。

七、貫徹總理的遺教

　　民國十五年（1926年）七月九日，國民革命軍誓師北伐，並下總動員令。這是中華民國歷史上的大分水嶺。我們如果要瞭解民國十五年（1926年）北伐誓師為什麼是個劃時代的史實，我們必須補述孫中山先生末年的奮鬥。

　　我們已經說過，中山先生在辛亥革命以前宣布了他的革命方略，分革命的過程為軍政、訓政、憲政三個階段。用不著說，軍政是一個信服三民主義的革命軍對封建勢力的掃蕩和肅清；訓政是一個信服三民主義革命黨猛進的締造憲政所必需的物質和精神條件。民國初年，這樣的革命軍和革命黨都不存在，軍閥得以乘機而起，陷民國於長期的內亂，人民所受的痛苦，反過於在清政府專制之下所受的。中山先生於是更信他的革命方略是對的。民國三年（1914年），他制定革命黨黨章的時候，他把一黨專政及服從黨魁的精神大大地加強。民國七

年（1918年），俄國革命，雖遭到國內國外反動勢力的夾攻，終於成功了。中山先生考察俄國革命黨的組織，發現其根本綱領竟與他多年所提倡的大同小異。原來俄國也是個政治經濟落後的國家，俄國的問題也是火速的現代化。在十九世紀，俄國沒有趕上時代的潮流，因此在上次的歐洲大戰，俄國以二十倍德國的領土，兩倍德國的人口，尚不能對付德國二分之一的武力。俄國的革命方略，在這種狀況之下當然可供我們參考。難怪中山先生雖知道中山主義與列寧主義大有不同之點，也早就承認列寧是他的同志。

1922年6月，孫中山、宋慶齡與其侍衛隊人員合影。

在蘇聯革命的初年，為抵抗帝國主義起見，列寧亦樂與我們攜手。民國十二年（1923年）正月二十六日，中山先生與列寧的代表越飛（Joffe）共同發表宣言，聲明兩國在各行其主義的條件之下，共同合作。十二年夏，中山先生派蔣介石赴俄，考察紅軍和共產黨的組織。是年冬，蘇聯派遣鮑羅廷來華做顧問。十三年（1924年）初，中山先生召開全國代表大會於廣州，澈底地改組國民黨，並決定聯俄容共。同時蔣介石從俄回國，中山先生就請他創辦黃埔軍校。中山先生對黃埔軍校是抱無窮希望的。在開學的那一天，中山先生說過：

> 今天開這個學校的希望，就是要從今天起，把革命的事業重新創造，要這學校的學生來做根本，成立革命軍。諸位學生，就是將來革命軍的骨幹。

十四年（1925年）是革命策源地的兩廣的大調整時期。陳炯明勾結楊希閔、劉震寰意圖消滅新起的革命勢力。於是有兩次的東征，然後廣東得以肅清。同時革命政府協助了李宗仁、黃紹竑肅清廣西。

不幸在這年的春天，三月十二日，中山先生在北京逝世了。從十五年（1926年）七月九日起的北伐，到二十六年（1937年）七月七日的抗日戰爭，是讀者們所熟知的，我們可以不必細說。但是有兩個重要方面我們不得不注意。

第一，抗戰以來，國人不分黨派區域均一致團結抗戰。第二，近年全國向近代化這條大道上邁進。鐵路的加修，全國公路網的完成，航空線的設立，無線電網的布置，義務教育的提倡，科學及工程教育的前進，及國防的近代化，都是近幾年的大成績。抗戰以前，全世界無不承認中華民族已踏上復興之路。日本的軍閥正是看清了這一點，所以決計向我們大舉進攻。

目前的困難是一切民族在建國的過程中所不能避免的。只要我們能謹守中山先生的遺教，我們必能找到光明的出路。

中國與近代世界的大變局

歷代備邊，多在西北，其強弱形勢，主客之形，皆適相埒，且猶有中外界限。今則東南海疆萬餘里，各國通商傳教，來往自如，麇集京師及各省腹地，陽託和好之名，陰懷吞噬之計；一國生事，諸國構煽：實為數千年來未有之變局。輪船電報之速，瞬息千里；軍器機事之精，工力百倍；炮彈所到無所不摧；水陸關隘不足限制：又為千年來未有之強敵……

這是同治十三年（1874年）李鴻章對中國的國際地位之觀察，時人多以為他言過其實；今人定覺得他的看法還不透澈。關於這一點，我們在下文裡當再討論。我們現在不過要指出：李鴻章的結論是不能否認的或修改的。中國近代所處的局勢確是「數千年來未有之變局」；中國近代所遇之敵人確是「千年來未有之強敵」。

這個大變局的由來及其演化，中國對此變局的應付及其屢次的修改，這是本文所要討論的。

一、中西方關係發生變化

　　葡萄牙人在十五世紀末年發現了繞非洲經好望角的歐亞直接航路。這事在世界歷史上開了一個新紀元，也就是上文所謂大變局的起始。在這事以前，中西固然早已發生了關係，但以前的關係與以後的關係根本不相同。原來歐亞兩洲雖境土相連，謂在烏拉爾山以南，裡海以北，兩洲之間並無自然的分界。但在十六世紀以前，中國與歐洲之間，除蒙古帝國短期外，總有異族、異教之人居中隔離。在這種環境之下，中西的關係不但要看雙方的需要及意志如何，還要靠中歐之間的區域有適合的情形。在這個條件不能圓滿的時候，中西的關係就完全斷了。即使在這個條件能圓滿的時候，中西的關係大部分是間接的：貨物的交換及彼此的認識都是由第三者轉遞與介紹。嚴格說來，歷上古與中古，中西各自成一個世界、一個文化系統。自歐亞直接航路發現以後，第三者的阻礙成為不可能，其介紹亦成為不必要。自

↑十五～十七世紀是大航海時代，歐洲船隊出現在世界各地的海洋上，以尋找新的貿易路線和交易夥伴，西班牙和葡萄牙無疑是其中的先驅者。從某種意義上來說，大航海時代為整個世界的近代史拉開了序幕。圖中是十五～十六世紀時，葡萄牙人用來航海的大帆船，船尾的建築是指揮部。

←葡萄牙人迪亞士和達‧伽馬相繼發現好望角和通往東方的航路，西班牙人哥倫布則發現了美洲新大陸，在航海取得偉大成就的背景下，歐洲民眾對航海的想像也反映在日常生活用具中，圖中為一只繪畫著探險船的葡萄牙陶碗。

十六世紀到現在，世界史最重要方面之一是東西的融合，或者我們應該說，是全世界的歐化。

　　為什麼歐亞的航路到十五世紀末年始發現呢？這個問題不是三言兩語所能解答的。就地理來說，這個大發現之遲到很自然。中西的發展是背道而馳的。歐洲發展起始於東南而趨向於西北。歐洲最早的文

附錄一　中國與近代世界的大變局

化及政治中心是希臘，其次是羅馬，最後才是西歐，愈到後來愈離中國遠了。等到大西洋沿岸的國家有了相當的成熟，歐洲的歷史始入海洋時期。中國的發展方向正與歐洲相反：中國的發展是由北而南的。中國的史家雖大書特書漢唐在西域的偉業，其實這不是中華民族的正統。中國的政治勢力、文化及人民渡長江而逐漸占領江南以及閩粵，這一路的發展才算得我民族事業的正統。等到閩粵成熟了，然後我們更進而向南洋發展。明永樂及宣德年間的海外盟事不是偶然的、無歷史背景的。那時南洋，甚至印度洋，似乎是我們的勢力範圍。鄭和的時代就是葡萄牙航海家亨利王的時代。無怪乎中國與葡萄牙人初次的見面儀式是在印度河沿岸舉行的。我們可以說，十六世紀以後的中西關係是數千年來雙方歷史的積勢所蓄養而成的。那麼自然會愈演愈密切而愈重要了。

　　在歐洲歷史未入海洋時期以前，西方沒有一個國家把提倡海外發展當做政府的大事業。西人來中國者多半為個人的好奇心、利祿心或宗教熱忱所驅使。他們的事業是私人的事業；他們沒有國家或民族做他們的後盾，就是歐洲中古最著名的東方旅行家——馬可‧波羅——並未得到任何歐洲政府的援助。他的事業，在當時與歐洲任何國家或民族的國計民生都沒有關係。到葡萄牙人發現好望角的時候，歐洲的局勢就大不同了。至少在西歐，葡萄牙、西班牙、法蘭西、英吉利已成立了民族國家。在十六世紀末年，荷蘭亦經革命而獨立。這些國家的國王和權貴無不以提倡海外發展為政府及民族的大事業。那幫在海外掠財奪土的半海盜、半官商居然成了民族的英雄。文學家又從而讚揚之。在十六、十七世紀的歐洲人眼裡，國家的富強以及靈魂的得救，都靠海外事業的成敗。個人冒險而到海外去奮鬥的，不但可以發大財，且得為國王的忠臣、民族的志士和上帝的忠實信徒。這種人的運動是具有雄厚魄力的。他們在歷史上發起了、推動了一個不可抑遏的潮流。

　　李鴻章所謂「數千年來未有之變局」就是這樣開始的。

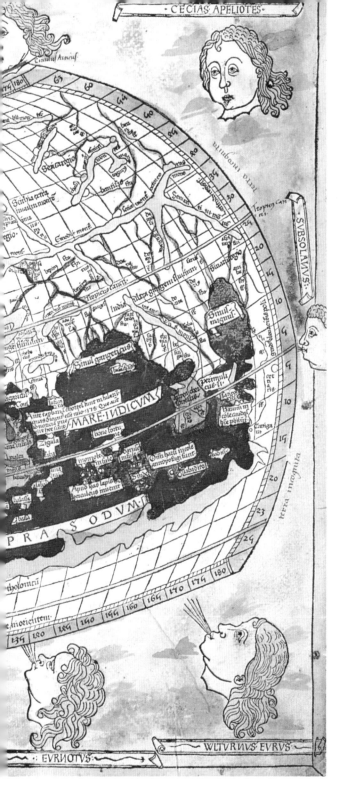

中西關係的大變局起始於大航海時代，但大航海時代必須以科學技術的發展為前提。比如，當時歐洲的一些航海地圖逐漸準確起來，開始標明港灣和航線。航海地圖的出現為歐洲人的遠洋探險提供了信心，同時也為新航路的開闢提供了有利的條件。圖中就是十五世紀時的一張地圖，選自托勒密的《地理學指南》，在哥倫布發現美洲新大陸以前，它是最權威的世界地圖。

二、歐洲人的蠶食

　　葡萄牙的大航海家迪亞士（Bartolomeu Dias）於1486年，明成化二十二年，發現了好望角。十二年以後，明弘治十一年（1498年），達・伽馬（Vasco da Gama）率領小艦隊直抵葡人百年努力的目的地印度。在印度西邊的各海口，達・伽馬採買了印度土產，如珍珠、胡椒、細布及香料群島所產的香料，滿載而歸。這一次的貿易獲利六十倍。弘治十五年（1502年），達・伽馬又率領第二次遠征隊到印度。他帶到東方的資本約值二百四十萬佛郎；歸國後，帶回去的東方貨物變價到一千二百萬。但在此以前，歐亞貿易是由阿拉伯人及義大利人壟斷。他們自然不甘心坐視別人攘奪他們的利源。而葡人嘗了滋味以後亦自不樂歇手。正德五年（1510年）的大戰決定了最後的勝利屬於新興的葡萄牙。

　　彼時葡屬印度總督阿伯克爾克（Albuquerque）具有極大的野心。

達·伽馬（約1469～1524年），葡萄牙航海家，從歐洲繞好望角到達印度航海路線的開拓者。達·伽馬於1497年7月8日受葡萄牙國王派遣，率船從里斯本出發，船隊一路經加那利群島、好望角、莫三比克等地，終於1498年5月20日到達印度西南部的卡利卡特。達·伽馬發現通往印度的新航路，不僅促進了歐亞貿易的發展，也是葡萄牙和歐洲其他國家在亞洲從事殖民活動的開端。

他想囊括印度洋及南洋各地，創立一個偉大的海洋帝國。正德五年（1510年），他占據印度西岸的大市鎮果亞（Goa），且設總督府於此。次年，他的艦隊又滅了南洋咽喉的滿剌加（Malacca）。此舉開了中西衝突之端。原來滿剌加自明成祖於永樂元年（1403年）派遣尹慶出使其地宣示威德以後，歷年謹修職貢；加上鄭和在南洋的活動，尤對中國順服。葡人滅滿剌加就是併吞中國的藩屬。中國如何應付這種侵略？《明史·滿剌加傳》於無意中的形容實在極了：

> 後佛郎機強舉兵侵奪其地。王蘇端媽出奔……遣使告難。時世宗嗣位，敕責佛郎機，令還其故土，諭暹羅諸國王以救災恤鄰之義，迄無應者，滿剌加竟為所滅。

換句話說，明世宗僅發了幾篇紙上文章以塞宗主的責任。難怪葡

人要繼續前進占摩鹿加（Moluccas）。《明史》說：「地有香山，雨後香墮，沿流滿地，居民拾取不竭。其酋委積充棟以待商舶之售。東洋不產丁香，獨此地有之，可以辟邪，故華人多市易。」此段文字雖帶浪漫風味，然離事實確亦不遠。摩鹿加亦名「香料群島（Spice Islands）」，所產物品為數百年來歐亞貿易的大宗，也就是葡人及荷蘭人在亞洲最注重的。葡萄牙在摩鹿加的侵略，中國更置之不理了。

西班牙的海外發展與葡萄牙同時，最初目的也是要到印度。因為哥倫布不知美洲的存在，誤信了從歐洲向西直航為達印度的捷徑。後來西班牙人在十六世紀初年發現了墨西哥及祕魯的金銀，才定美洲為他們海外發展的範圍。所以麥哲倫（Magellan）雖於1521年（正德十六年）發現了菲律賓群島，等到1563年（嘉靖四十二年）西班牙人始復來經

麥哲倫（1480～1521年），葡萄牙人，世界著名探險家、航海家和殖民者。1519年，麥哲倫在西班牙國王的資助下，率領一支船隊開始進行他夢想已久的環球航行。1521年，當麥哲倫率船隊來到菲律賓群島的時候，因插手當地土著人的糾紛而在戰鬥中被殺死。此圖描繪的就是麥哲倫率領船員與當地土著戰鬥的場景。

營此地；再等七年，始占呂宋。中國與呂宋的關係比與滿剌加或美洛居更密切。《明史》說：「先是閩以其地近且饒富，商販者至數萬人，往往久居不返，至長子孫。」西班牙人對於中國人實在是去留兩難：留之則恐華人勢力太大，致不能制；去之則島上經濟受損失。且中國人也去不盡，因為「華商嗜利，趨死不顧，久之復成聚」。西班牙人採取了一個折中辦法：華人太多的時候驅逐些或屠殺些；平時則收重的人丁稅。萬曆二十一年（1593年），驅逐過一次。三十一年（1603年）屠殺過一次，中外記載皆說死難者約二萬五千人。崇禎十二年（1639年），又屠殺過一次，彼時華僑共三萬人，死者占三分之二。萬曆三十二年（1604年），中國尚移檄呂宋：「數以擅殺罪，令送死者妻子歸。」到崇禎年間，連一篇紙上文章都無暇發了。這樣，我民族又喪失了在菲律賓的發展範圍。

荷蘭在爪哇也是這樣對付華僑的。

這三國及後來的英國侵略也是南洋的大變局。在歐洲人未到南洋之前，華僑是那些地方的社會及經濟的最高層，甚至有執當地政府權柄者。倘這種趨勢能繼續推演，則群島未嘗不可成為海外的新閩粵。可惜西人勢力到達南洋的時候，中國無以應付，僑胞遂永遠寄人籬下了。

有明一代，一方面閩粵的人民自動地冒萬險到南洋各地去謀生，一方面政府至少在永樂及宣德年間，似乎又極端重視中國在南洋的勢力。海外發展的條件豈不是齊備了？何以在十六世紀又這樣的拱手讓人呢？西人的船堅炮利及十六世紀的明廷之無遠略當然是要緊的緣故。比這樣的緣故還根本的是當時中國的特殊國情。明代政府及人民的海外事業各有其動機，且彼此不相關。歷有明一代，廣州市舶司提舉——海關監督——的肥缺全是太監的專利。政府派到南洋去的代表，如鄭和、尹慶，又都是太監。他們的使命雖說得冠冕堂皇，什麼為國家揚威宣德，其實目的豈不是為太監們去招徠？近人談唯物史觀者，好以地主階級或

資產階級的私利解釋中國的歷史。如要勉強用階級鬥爭來解釋歷史，我們以為在中國應特別注重官吏階級。這個階級有其特殊的立場與主觀。雖出身是從地主或資產階級，官吏只為官吏而施治，並不代表任何人，唯其如此，明朝政府始能一面派使出洋揚威宣德，一面禁止人民出洋及坐視外人壓迫在外的僑民。實際上在政府方面，明朝海外事業的動機就是太監的私利。這個動機哪能促進民族運動呢？拿這種動機來與西人的動機比較，豈不是有天壤之別嗎？

三、葡萄牙設法通商

　　從滿剌加，葡萄牙人更進而到中國東南的洋面，初次是在明武宗正德十一年（1516年）。此舉中國又如何應付呢？當時中國並不守閉關主義。在葡人未來之前，中國沿海的通商已有相當的發展。暹羅、占城、蘇祿、渤泥、爪哇、真臘、錫蘭山、蘇門答臘、甘榜格南等國常有船隻往來中國。但當時我們沒有所謂國際貿易或通商條約，因為中國的政治觀念，尤其自南宋以後，總以天朝自居，「一統無外，萬邦來朝」，根本否認有所謂「國際」者存在。所謂通商，就是進貢，市舶是隨貢舶來的。我的朋友張君德昌直稱明正德以前通商為貢舶貿易時期，凡來通商的無不尊中國為上國，而以藩屬自居。在藩屬方面，他們進貢以表示他們的恭順；在上國方面，我們許其貿易，並不因為我們利其貨品或稅收，「不過因而羈縻之而已」。這是雙方條件的交換。因此，倘番邦偶不恭順，我們就「停市」。這是當時中國國

當葡萄牙人來到中國之時，明王朝還嚴守著中國古代的職貢制度。此圖是明代大畫家仇英的《職貢圖卷》之一，描繪的正是渤泥國使團正在向明王朝朝貢路上的情景。渤泥國是東南亞的一個古代小國，位於加里曼丹島北部地方，即今日的汶萊，其含義為「生活在和平之邦的海上貿易者」。

際關係的理論。在此理論之上，我們設了各種法規，其中最緊要的是貢有定期，舶有定數。但是久而久之，這個理論及法規都成具文，其結果是貢舶其名，通商其實，甚至外人不到貢期或全不進貢的也來做買賣了。

　　此中原因複雜，容待下文討論。葡人初來廣州的是從滿剌加坐中國商船來的，貿易未發生困難。第二次，正德十二年（1517年），西人的記載說：華人初見其船隻之大及葡人的容貌奇異，要拒絕通商；後見其行為和平，巡海水師又得重賄，就許了葡人在上川島停船貿易。從第三次起，正德十三年（1518年），中葡發生許多衝突。由衝突到妥協經過四十年，最後的妥協方案就是中國近代世界的大變局之第二步。

衝突的發生，主要由於葡人行為凶暴。「剽劫行旅」、「掠買良民」、「恃強凌弱諸國」等形容詞屢見於當時的奏章。而且這些形容詞不是虛誣的，西人的記載可作參證。其實在十六世紀，歐人到海外去的可以做商客，也可以做海盜，當時道德觀念並未明定這兩種人的善惡，不獨葡萄牙人如此。至於給事中王希文所說的：「烹食嬰兒。犬羊之勢莫當，虎狼之心叵測。」及龐尚鵬所說的：「喜則人而怒則獸，其素性然也。」雖不免歷代言官的誇大，亦可表示當時一部分人的印象。葡人這種凶暴不但危害了中葡關係，且影響了全盤中西關係，因為時人把葡人當做西人的代表看待，而他們的行動容易使中國人以看待歷代夷狄的眼光來看待他們。初次的印象是不容易消抹的。

葡萄牙人大概從滿剌加的華僑及廣州沿海的商人處探知了中國的貢舶貿易制度，所以他們初次到中國的時候，亦藉口進貢。但是進貢須朝廷許可，得列藩封以後始可執行。葡萄牙之滅滿剌加是他進貢資格的大障礙。正德十五年（1520年）年底，御史丘道隆曾說過：

> 滿剌加乃敕封之國，而佛郎機敢併之，且啗我以利，邀求封貢，決不可許。宜卻其使臣，明示順逆，令還滿剌加疆土，方許朝貢。倘執迷不悛，必檄告諸藩，聲罪致討。

葡萄牙的使者雖到了南京及北京，因滿剌加的緣故及使團人員的失禮，於世宗嗣位之初（1521年），慘敗而歸：其舌人亞三伏法，正使湯姆‧皮雷斯（Tom Pires）死於廣東監牢。

但是正德、嘉靖年間中國人的心理也不是這樣簡單。經過幾次交戰，尤其是嘉靖二年（1523年）新會西草灣、二十六年（1547年）漳州及二十八年（1549年）詔安等役，我們知道了葡人火炮的厲害。「御史何鰲言佛郎機最凶狡，兵械較諸藩獨精。前歲駕大舶突入廣東

新會城，炮聲殷地。」西草灣之役，中國得了幾尊火炮，海道副使汪　送至北京，說其大者能擊五、六里。《明史》加了一句：「火炮之有佛郎機自此始。」於是「佛郎機」又成了利炮的別名。我們雖與葡人打了好幾次仗，且是得勝了的，他們仍繼續前來。《明史》說：「吏茲土者（在廣東做官的人）皆畏懼莫敢詰。」

除威脅外，葡人尚可利誘。利有好幾種：有通商自然之利、法內之利，亦有法外之利。嘉靖八年（1529年）左右：

> 巡撫林富言互市有四利。祖宗朝諸藩朝貢外，原有抽分之法，稍取有餘足供御用：利一。兩粵比年用兵，庫藏耗竭，藉以充兵餉，備不虞：利二。粵西素仰給粵東，小有徵發即措辦不前，若番船流通，則上下交濟：利三。小民懋遷為生，持一錢之貨，即得輾轉貿易，衣食其中：利四。

林富所奏的是國計民生，法內之利；此外尚有官吏從互市所得的陋規。此種法外之利之大又非吾人所能想像者。因此地方官吏，在林富以前（及以後），「甚有利其寶貨，佯禁而陰許之者」。

林富論民生的一節也不透澈。據西人的記載，中國沿海的居民無不樂與外人交易，只要交易是和平的，朝廷儘管要閉關，士大夫儘管倡攘夷，平民能做買賣必定要做。久而久之，統治階級亦無可奈何，即清高者不過罵一句「奸商」或「漢奸」以了之。現代如此，十六世紀早已如此。在中外商業的開闢之過程中，中外的商人有許多時候是利害相同，因而互助的。正人君子，往往把這種互助當做狼狽為奸看，其實君子反自然，商民順自然。中國士大夫對「商」沒有正確觀念，所以中華民族在應付近代世界的大變局之中有時不免自作孽了。

我們的傳統觀念既把正路堵塞了，中外的商人就不得不走邪路。

天啟年間，荷蘭人想在廣州通商遭拒絕以後，用了一個新方法。《明史·荷蘭傳》有這一段：

> 海澄人李錦及奸商潘秀、郭震久居大泥，與荷蘭人習。語及中國事，錦曰：「若欲通貢市，無若漳州。漳南有澎湖嶼，去海遠，誠奪而守之，貢市不難成也。」其酋麻韋郎曰：「守臣不許奈何？」曰：「稅使高寀嗜金銀甚。若厚賂之，彼特疏上聞，天子必報可。守臣敢抗旨哉？」酋曰：「善。」

潘秀及郭震諸人於是負命回福建去運動。高不但甘願，且努力促成其事。他派了「心腹周之范詣酋，說以三萬金饋，即許貢市。酋許與之，盟已就矣」。但別的官吏或因分贓不均，或因不敢違旨開禁，不承認這個私約，此事就作罷。

此種記載，倘無旁證，似難可信。幸而英國東印度公司亦有同類記錄。這時英商企圖在華通商苦無門可入。東印度公司日本經理柯克司（Richard Cocks）於是聯絡長崎華商會的會長替他運動。天啟元年（1621年）一月，柯克司報告公司說：「中國老皇帝已傳位於其子，新皇帝已許我國每年派兩隻船去通商。地點定在福州。現在所缺的只是當地督撫的許可。」幾個月後，他又寫信給公司說：「中國商會會長負責交涉通商權利者已返平戶。他說特許狀已得到了。他又說他費了一萬二千兩的運動費。如公司的經理現在不理他，他必致破產。」這個商會的會長似乎是個買空賣空的投機者，因為這種活動沒有先疏通北京，而後再來對付地方官吏的。

我們近代對付西洋的方法不外採用西洋的槍炮及僱用西洋的軍人。西人近代對付我們不外學我們疏通衙門的祕訣，且僱用漢奸替他們跑衙門。雙方均在那裡仿效對方的長處。

現在我們應能瞭解十六世紀中西互市問題的上層理論及法規和下層的事實，究竟促成互市的動機大於禁止互市的動機。因這種基本的趨勢，當時雖有許多人反對，皇帝終發明詔許葡人在廣東通商。

最初明令特許的通商地點是浪白。葡人最初在此島旁就船為市，後來移居島上。嘉靖十四年（1535年），都指揮黃慶「納賄請於上官，移舶口於濠鏡」，由葡人「歲輸課二萬金」。「濠鏡」就是澳門的別名。葡萄牙與澳門的關係是這樣發生的。黃慶為什麼要替葡人出力，他「納賄」的錢從哪裡來，中籍無明文的記載，西籍則說葡人善於運用金錢與中國官吏周旋。嘉靖十四年（1535年）中國還只許葡人在澳門停船：

> 三十二年（1553年）番舶託言舟觸風濤願借濠鏡地暴諸水漬貢物，海道副使汪柏許之。初僅蓬舍。商人牟奸利者漸運甓甃榱棟為屋。佛郎機遂得混入。高棟飛甍，櫛比相望。久之遂專為所據。

當時的官吏既然一面畏懼「佛郎機」，一面又利其互市，還是讓葡人在澳門居住為最方便。況且官吏很能自圓其說：如果在島上，則「巨海茫茫，奸宄安詰，制馭安施」；一旦移居澳門，則「彼日所需咸仰給於我，一懷異志，我則制其死命」。原來澳門面積甚小，與內地的交通僅靠蓮花莖一路：倘有衝突，中國只須抽退工人，斷其接濟，就「制其死命」了。這是中國官吏在十六世紀從經驗得來的一個極省事，而又極靈效的「馭夷」祕訣。葡人移居澳門等於把生命財產搬進一個葫蘆裡，而讓中國看守葫蘆口。為守口嚴密起見，萬曆二年（1574年）中國築了一道閘牆橫斷蓮花莖，牆中留門，啟閉由中國駐防軍隊主持。中國在澳門又立稅關，置縣丞，葡人年納地租五百

兩。此外中葡並沒有別的關係。葡人好幾次派代表到北京，中國看同琉球、暹羅的貢使，葡人亦未抗議。這樣，中國保存了「天朝」的尊嚴，而地方人民和官吏以及葡萄牙都做了他們的好買賣。這個妥協方案既顧到了上層的理論和法規，又適合於下層的事實及欲望。這是我們應付近代世界的大變局之第二步。《明史》說：「……終明之世，此番固未嘗為變也。」

四、國外殖民勢力更替

終明之世，葡人所以未為大患，不僅因為中國有了「馭夷」的祕訣。此外有別的緣故在。葡人在澳門雖受中國種種限制，但中國貨物除由華商運到南洋及日本，再由荷商或英商運到歐洲外，餘概須經過葡人之手始能到歐洲。這種中國與歐洲貿易的壟斷每年給葡人百萬兩的淨利。果亞總督給葡人商船來澳門的特許狀價值高達七十萬兩。所以葡人自得澳門後，不但不想進取，反竭力地聯絡中國來避免第三者的分潤。且葡萄牙的帝國政策最注重的是香料群島及印度，並不是中國。其國內的經濟政策不好，在海外所得的財富不經過葡人之手，終流到英荷法諸國。萬曆八年（1580年），其本國且為西班牙所兼併。因此荷蘭及英國與西班牙為敵者，亦與葡萄牙為敵。葡屬殖民地一部分就被英荷瓜分了。葡萄牙海上稱雄僅在十六世紀，到了十六世紀末年，他已自顧不暇，更談不到進取。

大航海時代的先驅是葡萄牙和西班牙，隨著地理大發現，兩國遂產生爭奪勢力範圍的糾紛。為了平息兩國紛爭，教皇出面進行調節，兩國於1494年簽訂《托爾德西里亞斯條約》，在維德角以西約1,770公里處，從北極到南極畫一條分界線，史稱「教皇子午線」，線東歸葡萄牙，線西歸西班牙。從此，西班牙在西半球擁有巨大影響力，而葡萄牙則在巴西、非洲及亞洲地區取得極大影響力。

　　西班牙也是十六世紀的大海權國，但是天主教皇在分派海外區域的時候，把中國劃歸葡萄牙去發展。所以中國與西班牙沒有要緊的關係。荷蘭與英國海外事業的起始同在十六世紀末年，最初兩國合作以抗西班牙。兩國在亞洲都設有專利的東印度公司。這兩個公司初到中國來通商的時候，葡萄牙人竭力慫恿廣東官吏反對，因此英荷兩國初來通商所遇著的困難反比葡萄牙更多。荷蘭東印度公司在廣州及澳門失敗以後，就於天啟二年（1622年）向東北去占澎湖，以圖與福建通商。「守臣懼禍，說以毀城遠徙，即許互市。番人從之。天啟三年（1623年），果毀其城移舟去。巡撫商周祚以遵諭遠徙上聞。……已而互市不成，番人怨，復築城澎湖。」後任福建巡撫南居益與荷人屢戰，並嚴斷接濟，荷人遂棄澎湖而專意經營臺灣。

彼時臺灣雖未入中國版圖，國人在那裡墾荒的已經不少。嘉靖末年，海盜林道乾曾據其地。天啟初年，海盜顏思齊和鄭芝龍在此地住過。崇禎中年，芝龍降於福建巡撫沈猶龍，並受了明朝的官職。適福建大旱，芝龍就提倡移民於臺灣。「鴻荒甫闢，土膏墳盈，一歲三熟，厥田唯上上。漳泉之人赴之如歸市。」荷蘭人不過在安平、雞籠、淡水建立貨棧和堡壘。「荷蘭專治市舶，不斂田賦，與流民耦俱無猜。」明亡，芝龍降於清政府，其子成功不從，據廈門一帶的地方與清對抗。順治十七年（1660年）成功進攻南京失敗以後，遂率領部隊去占臺灣，也可說去收復祖業。荷蘭人死抗，但在爪哇的公司接濟不上，臺灣遂於順治十八年（1661年）完全變為中國人的土地。從此荷蘭人與鄭氏為仇而偏袒清政府，想趁機得與中國通商。康熙二年（1663年）施琅奪取廈門的時候，荷蘭東印度公司曾派船來協助。康熙帝還賞了「荷蘭王」緞匹銀兩，從此公司得在廈門通商。

荷蘭東印度公司除以武力協助清政府消滅明朝餘黨，藉以得通商權利外，又屢次派使進京以資聯絡。中國當然以「請貢」待之。順治十二年（1655年）「請貢」的時候，世祖曾以「特降敕諭賜其國王」，其中有一段極有趣的話：

> 至所請朝貢出入，貿易有無，雖灌輸貨貝，利益商民，但念道里悠長，風波險阻，舟車跋涉，閱歷星霜，勞勩可憫。若朝貢頻數，猥煩多人，朕皆不忍。著八年一次來朝，員役不過百人，止令二十人到京。所攜貨物，在館交易，不得於廣東海上私自貨賣。爾其體朕懷保之仁，恪恭藩服，慎乃常賦，祗承寵命。

荷蘭人儘管恭順，他們與中國的貿易仍不能脫貢舶色彩。在十七

1580年，西班牙兼併了葡萄牙，國勢達到極盛，成為歷史上第一個「日不落帝國」。但在僅僅8年之後的1588年，西班牙「無敵艦隊」就慘敗在英國人的手下，西班牙帝國開始衰弱，其海上霸權也逐漸被荷蘭和英國等新興國家所取代。圖中所繪就是此次戰役中，英、西兩國艦隊正在激戰的場景。

世紀的前半，荷蘭雖曾稱雄海上，但其所注重地點是南洋群島和印度。所以荷蘭反明助清的行動雖饒有歷史興趣，中西全盤的關係並沒有受荷蘭的影響。

英國東印度公司在十七世紀前半對中國的態度更加消極。荷蘭在澳門失敗了，英人就覺得無試驗的必要。駐日的經理雖曾聯絡長崎華僑商會的會長，但以後怕上當，遂未前進。所需中國貨物，英人在南洋或日本從華僑商購置以了事。

東印度公司對中國的消極頗引起英人的批評。崇禎八年（1635年），國王查理一世偕同少數資本家另外組織一個團體，來專營中英之間的貿易。次年，這個團體派了威得爾上尉（Captain John Weddell）率領四大船兩小船來華；崇禎十年（1637年）六月駛抵澳門。葡人既不願英人來分其利，心中又怕威得爾以武力對付，只好虛與委蛇，威得

鄭成功收復臺灣後僅4個月即病逝，隨後由其子鄭經、其孫鄭克塽前後治理臺灣22年。1683年7月8日，清政府派福建水師提督施琅率水陸官兵2萬餘人、戰船200餘艘，向澎湖、臺灣進發。鄭軍潰敗後，鄭克塽率眾歸順清政府。從此，臺灣重新納入中國中央政府的統一管轄之下，成為國家統一整體中不可分割的組成部分。此圖名為《欽定平定臺灣凱旋圖》，出自康熙朝的宮廷畫師之手，描繪了從臺灣凱旋而回的清朝艦隊。

爾急了，就直向虎門駛進。中國官吏的反對，他全置之不理。雙方於是備戰。八月十二日，武山炮臺（虎門炮臺之一）開始射擊，威氏竭力反攻。交戰僅半小時，臺上兵丁盡逃了。英兵於是上岸占了炮臺，懸上英國的國旗並把臺上的炮位搬到船上。所謂虎門的天險，在十七世紀已不能限制西人。九月十日中國放了許多火箭噴筒以圖焚毀英國船隻。這種火攻之法也沒有發生效力。威氏說：「謝謝上帝，我們沒有一人受傷。」以後他大肆報復：燒了好幾隻中國水師船，毀了一個村莊，並從村裡「拿走了三十頭豬」。經過這些硬仗之後，官吏和葡人都知道總須想個收場的辦法。終究威氏做了點買賣，但他也擔保不再來中國。

　　不久英國發生革命。革命以後，東印度公司於康熙三年（1664

年）派船一隻來華。那時適經大亂之後，澳門景象十分蕭條。葡人口口聲聲地訴苦，說「韃靼」人如何蠻橫，船一進口便不許出。這船白納了二千兩的船鈔，原貨皆裝回去。與中國直接通商既然這樣困難，公司改在臺灣設法。康熙九年（1670年），公司居然與鄭成功之子鄭經定了通商的協定：公司得在臺灣及廈門通商，但須輸進若干火藥及炮位。五年以後，公司在廈門設立總棧，在臺灣分棧。除供給軍火外，尚派人教練鄭氏的炮兵。雖然買賣仍舊不能發達，因為鄭氏在大陸上所轄土地有限，並且年年縮小。到了康熙二十年（1681年）鄭氏失廈門，大陸上就無寸土了。康熙二十二年（1683年），鄭克塽投降，臺灣也納入了清朝的版圖。東印度公司駐華經理之失望可想而知。最奇怪的是，英人並未因協助鄭氏而後吃虧，正如荷蘭人之未因協助清政府而占特殊便宜。

其實在十七世紀，英荷海權膨脹的時候，中國與西歐的關係並無新發展。在明末清初的時候，英荷兩國雖同因通商對中國的內戰有所偏袒，但並沒有影響以後的關係。在這百年之內，近代世界大變局，在東南方面，進入了一個凝滯時期。

近年因為紀念徐文定公，國人對於明末清初的傳教事業特別注意。當然，在十七世紀，外國傳教士能在中國居官受爵，著書立說，中國高層的士大夫竟有信奉天主教者，這都是饒有興趣的事實。但是在朝廷方面——無論是明還是清——外國傳教士的地位是一種技術專家的地位。朝廷所以用他們，不過因為他們能改良曆法及製造佛郎機炮及紅衣炮。士大夫與傳教士接近者究竟不多，信教者更少。且這少數信教者豈不是因為那時的天主教加了濃厚的儒教色彩？我們從乾嘉道咸時代的藝術著作裡，能找出多少西洋科學方法及科學知識的痕跡呢？十七世紀的傳教事業雖然帶了不少英雄的風味，究未在中國引起一種精神運動，中國的文化依然保留了舊觀。倘若沒有近百年的發展，這事業在中國歷史上不過如景教一樣而已。

五、康熙帝的外交

十七世紀的大變動，不在傳教或沿海的通商，而在全亞洲北部之更換主人翁。

俄國人於萬曆七年（1579年）越烏拉爾山而進西伯利亞。此後勇往直前，直到太平洋為止。崇禎十一年（1638年），其先鋒隊遂在鄂霍次克（Okhotsk）海濱建設鄂霍次克城。六十年內，全亞洲北部入了俄國的版圖，其面積有四百萬平方英里，比歐洲俄羅斯還大一倍。

中俄在黑龍江流域的戰爭和交涉，我已撰有專文（《最近三百年東北外患史》，原載《清華學報》，中央日報社近有影印本）討論此事。這裡我僅須指出有關於中國國際地位者。

第一，俄國未占西伯利亞以前，中西的接觸僅在東南沿海一帶；占領以後，中西的接觸加添了北疆的長線。從歐亞關係史看，我們可以說，自十七世紀起，歐人分兩路侵略亞洲。一路自海洋而來，由南

而北，其侵略者是西洋海權國；一路自陸地而來，由北而南，其侵略者是俄羅斯。兩路的侵略合起來，形成剪刀式的割裂。全亞洲，連中國在內，都在這把剪刀口內。這是亞洲近代的基本形勢，誠數千年未有的變局。

第二，當時人雖不知道這個變局的重要，但在應付上，他們的成功是中國近代外交上空前絕後的。根據康熙二十八年（1689年）的《尼布楚條約》，不但黑龍江、吉林及遼寧三省完全是中國的領土，即現今俄屬阿穆省及濱海省也是中國的領土。《尼布楚條約》的東北是大東北，因其總面積幾達到二百萬平方公里，比現在的東北大一倍有餘，也可稱為全東北，因其東北南都到海，都有海口，其他有外興安嶺的自然界線——在交通上及國防上，那時的東北是完全的。

我們在十七世紀能得這種成績，一面是因為機會好，一面是因康熙皇帝處置得當。彼時西伯利亞的交通極不方便；俄國在遠東的國力極其薄弱；俄人對遠東的地理知識亦極缺乏；俄國最大的希望是與中國通商；因此，我們的外交困難並不甚大。同時康熙皇帝在軍備上不遺餘力，在外交上則不為過甚。尼布楚的交涉方式最值得我們注意。事前，代表團得到皇帝批准的確切訓令，所以交涉的目的是固定的。在交涉的時候，我方代表未以上國的使者自居，中俄雙方概以平等相待。《尼布楚條約》是中西最早的條約，也是中西僅有的平等條約。彼時三藩之亂已經平定，清朝的江山已經穩固。何以康熙帝獨於此時放棄「一統無外，萬邦來朝」的態度呢？若說滿人在那時尚未完全接受漢人的傳統，所以能以平等待外人。那麼在順治年間，滿人的漢化程度更低，應該更能以平等待人。順治年間給荷蘭人的「敕諭」，我們在上文裡已經引過：其態度的高傲也就夠了。順治十三年（1656年），俄國特使背喀甫（Baikoft）到北京的時候，因「行其國禮，立而授表，不跪拜。於是部議來使不諳朝禮，不宜令朝見，卻其貢物，

康熙帝是歷代帝王中，對科學最重視、最感興趣的一位，比如他會向來華傳教士學習代數、幾何、天文和醫學等方面的知識，而且他對西方的文化也感興趣。

康熙帝不光學習西方科技的理論，而且還能將之用於實踐。比如，當他發現原來的地圖繪製方法落後時，便於康熙四十六年（1707年）委任耶穌會士雷孝思、白晉、杜德美，及中國學者何國棟、明安圖等人，運用當時最先進的經緯圖法、三角測量法、梯形投影技術等在全國大規模實地測量。終於在康熙五十七年（1718年）繪製成《康熙皇輿全覽圖》，這幅地圖被稱為是當時世界地理學的最高成就。

在軍事上，康熙帝任用比利時人南懷仁負責設計監造了大量的火炮。這些火炮，其「工藝之精湛，造型之美觀，炮體之堅固，均為後朝所莫及」。

遣之還」。十七年（1660年），俄國使者又因「表文矜誇不遜，不令陛見」。在順治年間，俄國已期意與中國和平交涉，無奈這些體制問題把交涉的路堵塞了。康熙的態度誠難解釋，但此態度是外交順利的一個成因，這是毫無問題的。

《尼布楚條約》的第六條也表示康熙時代朝廷態度的特別。這一條說：「兩國之間既已成立本和好友誼條約，一切人民均可完全自由地從一國到對方國，唯必須攜帶執照，證明他們是得允許而來的。他們並可完全自由交易。」平等對待及自由貿易可解釋尼布楚外交成績的大部分。中國外交史上的大成績是由平等對待及自由貿易中得到的，不是從獨自尊大、閉關自守的傳統中得來的：這件事值得吾人的深思。

六、外交策略不進反退

康熙二十二年（1683年），三藩之亂平定了，臺灣也收復了，從此清朝統一了中國。於是清聖祖不但下決心來解決黑龍江一帶的中俄問題，且在沿海通商制度上，闢了一個新局面。此前在軍事時期，清廷曾禁人民下海，甚至強迫沿海居民遷居內地，以免他們接濟「叛逆」。康熙二十三年（1684年），聖祖下明詔開海禁。這個諭旨雖准許了國人下海，並沒有明文許外人進口，但是事實上無論哪國人要到廣州、廈門、福州、寧波來通商，中國一視同仁。所以在十七世紀末年及十八世紀來中國通商的，如奧國（雙鷹國）、普魯斯（單鷹國）、丹麥（黃旗國）、美國（花旗國）、比利時、法蘭西均沒有遇著葡萄牙在十六世紀及英荷在十七世紀初年所遇著的困難。

同時清廷正式設海關監督，規定粵海關由內務府派，閩海關由福州將軍兼，浙海關及江海關的由各省巡撫兼。按法律，中國的舊關稅

制度完備極了、公道極了。聖祖的訓諭說：「各省關鈔之設，原期通商利民以資國用。」「國家設關榷稅，必徵輸無弊，出入有經，庶百物流通，民生饒裕。」世宗的旨趣相同：「國家之設關稅，所以通商而非累商，所以便民而非病民也。」高宗也說過：「朕思商民皆為赤子，輕徭薄賦，俾人民實沾惠澤，乃朕愛養黎庶之本懷。」戶部頒有稅則，其平均率不到百分之五，比《南京條約》以後的協定稅則還要低廉。防弊的法令也極森嚴：

　　一、各關徵稅科則，責令該管官詳列本榜，豎立關口街市，並責令地方官將稅則刊刷小本，每本作價二分，聽行戶頒發遵照。倘該管官將應刊本榜不行設立，或書寫小字懸於僻處，掩以他紙，希圖高下其手者，該督撫查參治罪。地方官將應刊稅則下行詳校，致有舛漏，或更扶同徇隱者，並予嚴參。

　　二、各關應徵貨稅，均令當堂設櫃聽本商親自填簿，輸銀投櫃驗明放行。其有不令商親填者，將該管官嚴加議處。

很明顯的，中國自十七世紀末年起，已有了法定的、公開的海關稅則。

實際上，中國海關收稅的情形不但離高尚道德甚遠，且與法律絕不相符。直到鴉片戰爭，外商不知中國的稅則模樣。歷康雍乾嘉四朝，外人索看海關稅則多次，每次概被衙門拒絕。關稅分兩種：船鈔與貨稅。照戶部的章程，船鈔應丈量船的大小而定：大船約納一千二百兩，中船約九百六十兩，小船約五百四十兩。實際除船鈔外，還須「官禮」。在十七世紀末年，官禮的多少，每次須講價。到康熙末年，十八世紀初年，官禮漸成固定：不問船的大小，概須送一千九百五十兩，比正鈔還多。貨稅也有正稅及「陋規」。陋規最初

也是由收稅者及納稅者臨時去商議，到康熙末年，大約已達貨價百分之六，比正稅亦大。雍正初年，楊文乾以巡撫兼關監督的時候，官禮報部歸公，於是官吏在貨稅上加了百分之十的陋規，名曰「繳送」。正稅及各種陋規加總起來約當百分之二十，這是中國實行的稅則。

這種稅則雖重，但在十八世紀尚未發生困難。彼時進口貨少，出口貨多。中國的稅收百分之八十來自出口貨。這種貨物，因中外市價的懸殊，能納重稅。英國東印度公司在廣州出銀二十兩買茶一擔，納出口稅不過三兩八錢（其中正稅僅二錢），到倫敦即能批發到四十兩以上。且同時英國茶葉的進口稅比中國的出口稅還重。

通商地點的選擇，在法律上雖自由，實際無自由。浙、閩、粵三省的官吏雖都歡迎外商，但各處都有特殊權利的華商壟斷市場，即所謂「皇商」、「總督商」、「將軍商」、「巡撫商」等等。這班人是商人想借用政治勢力以圖操縱市場呢，還是官吏利用走狗來剝奪商利呢？還是官商狼狽為奸呢？在廈門，康熙四十三年（1704年），「皇商」組織公行，行外之人概不許與外人交易。從此廈門的市價全由公行操縱，外商苦極了。寧波（實際交易在珠山）不但有特殊權利商人，有時官吏簡直自定價格，強迫外人交易。在十七世紀末及十八世紀初年，外商只能從各口彼此競爭占點便宜。最初他們側重廈門，後來側重寧波，最後側重廣州。康熙十五年（1676年）以後，中外通商實際只有廣州一口，因為廣州市面較大，官利的貪索亦比較有分寸。

廣州嘗了專利的滋味以後，絕對不肯放手。所以乾隆二十年（1755年），英商復想到廈門及寧波的時候，廣州的官吏及商人聯合起來，在北京運動。他們達到了目的，從乾隆二十一年（1756年）起，廣州成了法定的唯一通商地點。

從十八世紀中葉起，外人的通商不但限於廣州，且限於廣州的十三行。十三行的專利實由於環境的湊迫。第一，與外商交易者總是

資本比較大的華商，此中有一種自然的專利。第二，外人嫌中國海關衙門納稅的手續過於麻煩，所以常把納稅的事務委託中國商人去辦。官吏於是指定少數更殷實的商家擔保外人不漏稅走私。這個責任甚大，保商沒有團結不足以當之，倘團結而沒有專利亦是得不償失。得了專利以後，官吏又覺得保商應負更大的責任，於是保商不但要擔保外人不漏稅走私，且要擔保外人安分守己。換言之，管理外人的責任也到了十三行身上去了。在十八世紀的下半期，廣州外商及外船的水手逐漸增多而雜。中國官吏所定的禁令也就多而且嚴了。

這些禁令的繁瑣簡直是現在的人所不能想像或理解的。「番婦」不得來廣州。「夷船」開去以後，「夷商」不得在廣州逗留，他們必須回到澳門或隨船回國。「夷商」出外遊散只能到河南花地，每月只許三次，每次不得過十人，並須有「通事」隨行。「外夷」不許坐轎。「外夷」不許學習中文，購買中國書籍。「外夷」移文到衙門必須由十三行轉，必須用「稟」，只許用「夷」字，不許用漢字。「外夷」只許租用十三行。僕役有限數，且須由十三行代僱。每年開市之初（秋末），官吏把這些禁令宣布一次，並訓令十三行好好地開導那幫不知禮義廉恥的外夷。禁令的實在用意不外三種：（一）防止外人開盤踞之漸；（二）防止外人通悉中國政情，以俾官吏的奸弊無從告發；（三）防止外人熟悉中國的商情，以便行商得上下物價。行商執行這種禁令的方法不外勸免疏通；倘不行，則宣布停止貿易；再不行，則撤退外人的僕役，斷絕接濟。因這種利器用了多次，每次都見了效，官吏遂以為「馭夷」易如反掌。

我們在十八世紀末年應付近代世界的大變局，又放棄了十七世紀末年康熙皇帝比較開明的態度，而回到明末的模樣。

七、馬戛爾尼來華

　　幸而在十八世紀與中國通商的最重要對手是英國東印度公司，公司的政策由股東決定，股東的目的在紅利。東印度公司在中國買賣既大賺錢，其他一切也就將就過去了。又幸而在十八世紀，中國很像一個強大的帝國，而印度適於此時瓦解。英國的注視是在印度與法國的對抗，所以英國只想用外交的方法來修改中國的通商制度。

　　是時在廣州的外商覺得他們所受的限制和壓迫多半出自地方官吏，非皇帝所知道，更非皇帝所許可。倘若在地方交涉，通商的制度是不能更改的；倘若由政府派公使到北京去交涉，或有一線希望。乾隆五十三年（1788年）英國外交部遂採納這個辦法。不幸英國這次所派來的公使在中途死了，使團也就折回去了。次年，兩廣總督福康安授意東印度公司的經理們，希望公司派代表到北京去賀高宗的八旬萬壽。經理們一則恐怕此中有奸謀，代表或將被扣留為質；二則怕見皇

帝的時候，必須行三跪九叩禮，遂未接受福康安的意思。後來公司的董事以為經理們失了一個絕好的機會，於是決計假補行祝壽為名再派公使來華。

在籌備這使團的時候，英國人費盡心力，要使團在可能範圍內迎合中國人的心理，同時做西洋文明——尤其是英吉利文明的活廣告，使中國人知道英國也是禮儀之邦，且是世界大帝國之一。英國外交部給馬戛爾尼（Lord Macartney）的訓令不過講交涉大綱，其細則由馬氏臨行斟酌。大使所行的禮儀應表示中英的平等，不卑不亢，但不可拘泥形式。交涉的目的在擴充通商的機會和聯絡邦交。第一，英國想在中國沿海得一小區域，如澳門一樣，俾英商可以屯貨在家，主權可以仍歸中國，但員警權及對英僑的法權應歸英國；在租借區域內，英國可不設軍備。第二，中國不願租地，就加開通商口岸及減少廣州的限制。第三，英國可以遵守中國的鴉片禁令。第四，希望英國可派公使駐北京，或間來北京；如中國願派公使到倫敦，英政府十分歡迎。這是十八世紀末年英國對華外交的方法及目的。

馬戛爾尼的使節，在中國方面，自始就另作一回事看待。東印度公司的董事長百靈（Francis Baring）在乾隆五十七年（1792年）的夏季，先發一信給兩廣總督，報告英廷派使的意思。這封信由十三行的通事譯成中文，送呈署督郭世勳，郭氏隨奏摺送到北京。這信原文第一句是：

The Honorable the President and Chairman of the Honorable the Court of Directors under whose orders and authority the Commerce of Great Britain is carried on with the Chinese Nation at Canton to the High and mighty Lord the Tsontock or Viceroy of the Provinces of Quantong and Kuangsi Greeting.

譯文變為：

英吉利總頭目官管理貿易事百靈，謹稟請天朝大人鈞安，敬稟者。

原文第二句是：

These are with our hearty commendations to acquaint you that our most Gracious Sovereign His Most Excellent Majesty George the Third King of Great Britain, France and Ireland etc., etc. Whose fame extends to all parts of the world having heard that it had been expected his subjects settled at Canton in the Chinese Empire should have sent a Deptuation to the Court of Pekin in order to congratulate The Emperor on his entering into the Eightieth year of his age, and that such Deputation had not been immediately dispatched His Majesty expressed great displeasure thereat.

譯文變為：

我國王兼管三處地方。向有夷商來廣貿易，素沐皇仁。今聞天朝大皇帝八旬萬壽，未能遣使進京叩祝，我國王心中惶恐不安。

英人費盡了心力要表現平等者的相敬，通事反把琉球安南的口氣加在這信上。當時的通事不能也不敢實譯，而當時的官吏之所以禁止外人學習中文及用中文移書往來，一部分就占這個紙上的便宜。這種

外交是幼稚而又滑稽的。

清高宗度量頗大，虛榮心亦大，馬戛爾尼快要到天津的時候，高宗吩咐直隸總督梁肯堂及長蘆鹽政徵瑞如何招待。

> ……應付外夷事宜，必須豐儉適中，以符體制。外省習氣，非失之太過，即失之不及。此次英吉利貢使到後，一切款待固不可踵事增華，但該貢使航海往來，初次觀光上國，非緬甸安南等處頻年入貢者可比。

高宗對招待雖願從優，對禮節則極重視。他教徵瑞預為布置：

> ……當於無意閒談時，婉詞告知，以各處藩封到天朝進貢觀光者，不特陪臣俱行三跪九叩首之禮，即國王親自來朝者亦同此禮。今爾國王遣爾等前來祝嘏，自應遵天朝法度。雖爾國俗俱用布紮縛，不能拜跪，但爾等叩見時，何妨暫時鬆解，俟行禮後，再行紮縛，亦屬甚便。若爾等拘泥國俗，不行此禮，轉失爾國王遣爾航海遠來祝釐納齎之誠，且貽各藩部使臣譏笑，恐在朝引禮大臣亦不容也。

馬戛爾尼深知中國人重視禮節，也知三跪九叩首必成問題，所以對徵瑞的婉勸和要求早有準備。馬氏並不拒絕行三跪九叩首的禮，但他有一個條件：中國須派與他同等級的大臣在英國國王的像前作三跪九叩的答禮。他說他所爭的不是他自己的身分，他對中國皇帝願行最敬的禮節；他所爭的是中英的平等，是英國國王的尊嚴，是要表示英國不是中國的藩屬。他把他的辦法和苦衷函達當時的首揆和珅。中國拒絕了他的條件，他就決定以見英王最敬的禮來見中國皇帝。

此圖名為《萬樹園賜宴圖》，由乾隆時期的宮廷畫家郎世寧所作，描繪了乾隆十九年（1754年）五月，乾隆皇帝在避暑山莊的萬樹園舉行隆重宴會，接見厄魯特蒙古四部之一的杜爾伯特部臺吉「三策凌」的場景。1793年，乾隆皇帝也是在萬樹園接見了馬戛爾尼所率的英國使團。接見完畢後，和珅陪同馬戛爾尼遊覽了避暑山莊，晚上還觀看了盛大的焰火晚會、雜技和民間歌舞等。從清政府選擇的接見地點來看，確只是將英國也當成了一個前來歸化的藩屬而已。也就是說，從馬戛爾尼踏上旅程的那一刻起，他的使命註定是要失敗的。

　　馬戛爾尼於乾隆五十八年（1793年）八月十日及八月十三日在熱河行宮兩次見了高宗，兩次都未跪拜。高宗雖敷衍了，賞了他及他的隨員不少的東西，心中實在不滿意，要官吏暗中設法諷令英人早回國。他所提出的要求，高宗以一道敕諭拒絕一切。

　　馬氏的外交失敗是由於中西的邦交觀念之不相容。我們抱定「天朝統馭萬國」的觀念，不承認有所謂「國際」者存在；西方在近代則步步地推演出國際生活及其所需的慣例和公法。馬氏的失敗證明中國

絕不願意自動地或和平地放棄這種傳統觀念。因此中國外交史有一大特別：除康熙親政初年外，中外曾無平等邦交的日子。在鴉片戰爭以前，中國居上，外國居下；鴉片戰爭以後則反是。

由現代中國人看來，馬氏出使中國毫無直接的成績可言，這已經夠奇了，但連間接的影響也沒有，這更怪了。馬氏在中國境內逗留幾及半年。在這時期內，中國官吏與他往來的也不少。有意反對他的如徵瑞、前任粵海關監督穆騰額、前任兩廣總督福康安，我們不必說。據馬氏的日記，和他感情甚好的大吏也不少。直隸總督梁肯堂與他一會於天津，再會於熱河。軍機大臣松筠陪他遊萬樹園，以後又陪送他到杭州。松筠曾辦過中俄的交涉，馬氏亦曾出使俄國，所以他們甚相得。浙江巡撫升任兩廣總督的長齡陪他由杭州經江西到廣東，就是當時主持朝政的和珅也與他見面好幾次。這些人——其他官階更卑的如天津道及天津鎮不論——馬氏均說對他個人有相當的好感，尤其是松筠和長齡。何以這些人沒有因為認識馬氏而對外人的態度稍有變更呢？馬氏所坐的兵船——比中國的水師船大五倍——及所送高宗的炮位和模型軍艦當時也有許多中國人看過。何以他們對西洋軍備無絲毫的驚醒呢？英國這次所送的渾天儀實屬十八世紀西洋科學及工藝的最精品。何以國人（滿漢均在內）沒有發生一點覺悟呢？馬氏文化使命的失敗足證中國絕不會自動地接受西洋的科學和工藝。

馬戛爾尼在中國的那一年正是法國革命國會對英國宣戰的一年。從乾隆五十八年（1793年）到嘉慶二十年（1815年），大英帝國的精力都集中對法的作戰。遠東通商制度的改良只好暫時擱置。同時中國這方也是變故多端。嘉慶元年（1796年），湖北教匪起事，蔓延四川、河南、陝西、甘肅，至嘉慶八年（1803年）始告平定。閩粵海盜蜂起，聚眾到八、九萬人，船三百多隻。西人被海盜架去而以重價贖回者有好幾次。官吏如何虛報勝仗，如何「招撫」，在廣州的外人知

道得很清楚。內亂多，軍費就多，十三行的捐款也就多了。外人覺得通商的困難日漸增多。等到拿破崙戰爭一終止，英國政府遂決計再派使來華，以求通商情形的改良。

嘉慶二十一年（1816年），羅爾美都（Lord Amherst，阿美士德勛爵）的使節簡直是個大慘敗。因跪拜問題，仁宗竟下逐客之令。由北京返廣州的時候，沿途的官吏多以白眼相待。西洋人從此知道，要變更中國的通商制度和與中國建立平等的邦交，和平交涉這條路走不通。

八、英國輸入鴉片

　　到了道光年間，中西都有大變動，使舊的中西關係不能繼續存在。

　　第一，英在十八世紀的下半期有所謂工業革命。在手工業時期，英國出品運至外國者不多，適宜於中國市場者更少。到了拿破崙戰爭以後，在海外闢市場成了英國新工業的急需要。

　　第二，自由貿易的學說隨著工業革命起來了。以往各種貿易的限制和阻礙，英人視為家常便飯者，到了十九世紀，英人認為野蠻黑暗，非打倒不可，中國的通商制度亦在內。

　　第三，經過十八及十九世紀初年的戰爭，大英帝國毫無問題的是世界上最強的帝國。英人往年在廣州所能忍受者現在覺得萬不能忍了。而且這個帝國以印度為中心，要侵略亞洲別部，英國有印度為大本營、出發地。為維持及發展在印度的利益，英國覺得有進一步地經營亞洲別部的必要。

第四，在十九世紀以前，歐人到海外去傳教者全是天主教徒。在十九世紀初年，耶穌教徒也發現他們有傳布福音給全世界的神聖使命。在廣州的傳教士，對於中國各種禁令的憤慨尚在商人之上。

我們試看道光元年（1821年）至道光二十年（1840年），外人在澳門所發表的刊物，及他們寫給政府的請願書或給親戚朋友的信，我們發現一個共同的要求：解放！他們，不分商人及傳教士，都覺得解放的日子應該到了，已經到了。在東印度公司的末年，駐華經理中之後輩就主張與中國算總帳。以往公司的經理只求大事化小，小事化無，現在這幫商人尚唯恐天下無事。在道光十二、三年（1832～1833年）的時候，外商已自動地，不顧中國的禁令，到福建、江蘇、山東，甚至奉天及高麗去賣鴉片和新的機製紡織品；傳教士也跟著他去傳教、去施醫藥。實際上，沿海官吏就無可奈何。林則徐在江蘇巡撫任內，遇著一隻這樣的犯禁的船，也無法對付。

道光十三年（1833年），東印度公司在中國的通商專利取消了。這種專利也是貿易不自由時代的產物，它的取消就是時潮的表現，取消以後，新來的商人多而且雜。他們對於中國的舊制度無經驗，也不瞭解，只覺得這種制度之無理。同時，公司取消以後，保護商業的責任由英國政府負責。以前買賣是公司做的，要辦交涉和打仗，費用也是公司出的；以後買賣是商人做的，交涉及打仗都是政府的事情了。所以大決裂的機會就多多了。而且責任既由英國政府直接負擔，英國必須派代表常川駐華。這個代表要執行他的職權必須得中國的承認——承認他是外國政府的代表。那時，中國只知道有貢使，不知道有公使、領事，這種承認等於承認中英的平等。我們知道，在乾隆末年及嘉慶末年，中國絕無放棄傳統觀念的傾向。在道光年間，中國還是舊中國。事實上，在東印度公司取消以後，中英必須發生平等的近代邦交，而中國的體制絕不容許這種邦交的發生。道光十四年（1834年），中英因此就以炮火相見。

那次英國代表不久因病去世，這問題就成為一個大懸案。

換句話說：在道光年間，我們的通商制度及邦交觀念是十九世紀的世界所不能容許的。

同時，英國人的鴉片買賣也是我們覺得不應該容許的。

這個鴉片買賣的發展有其商業的自然性。歷十七及十八世紀，中國的國際貿易總是有很大的出超，因之白銀源源地從歐洲、南北美及印度輸進來。西商所苦的是找不著可以銷售的進口貨。在嘉慶年間，他們始發現鴉片推銷之易，但是這種買賣的大發展尚在道光年間。在道光元年（1821年），鴉片進口尚不滿六千箱，每箱百斤；到了道光十五年（1835年），已過了三萬箱；道光十九年（1839年）——林文忠到廣州去禁煙的那一年——過四萬箱。中國在道光六年（1826年）初次有入超，從此白銀起始出口：西商的困難也從此解決了。倘若英國的工業革命提早百年，倘若英國的工業在十八世紀就能大量地輸入中國，那麼英商無須鴉片來均衡他們與中國的買賣。那麼，中英可以不致有鴉片戰爭，只有通商戰爭。那麼，我民族可以不受鴉片之毒至如此之深，但我們的農民家庭附屬手工業的崩潰又要提早百年。換言之，無論如何，我們是不能逃避外來的壓迫，除非我們的現代化也提早百年。

鴉片買賣的發展，除了有其商業的自然性外，還有一個很重要的政治理由，那就是印度財政的需要。英國自十八世紀中葉戰勝法國以後，就成了印度的主人翁，就著手整理印度的行政。整理的方法不外多用英國人為官吏。其結果有兩個：一個是行政效率的提高，一個是行政費及軍費的提高。印度因此發生財政問題。鼓勵鴉片之輸入中國是英屬印度解除財政困難方法之一，即所謂開源者也。其用心之苦——如中國吸鴉片者嗜好的探討，價錢的適合，裝包箱之圖便宜等——不亞於任何現代的公司推銷任何其他貨品。

宣宗可說是個清教徒。他不但要禁煙，且禁唱戲。他的儉樸是有

名的，連朝服尚不願換新，只肯補綴。無疑地，宣宗的禁煙是出於至誠的、下了決心的。可是當時官吏的腐敗，不是一個皇帝——雖有生殺之**權**——所能挽回的。所以愈禁煙而煙之輸入愈多。我們若參看美國近年禁酒的經驗，道光年間禁煙之失敗似很自然了。

宣宗及少數的同志為什麼要禁煙呢？他們一則覺得鴉片傷害身體，二則因為煙癮妨害平民職業，三則因為煙癮減降軍隊的戰鬥力。我們若以道光年間的諭旨及奏章為憑，他們禁煙最大的理由還是因為鴉片進口，白銀就出口。那時國家沒有統計（鴉片按法不能進口，故更不能有進口的統計），他們又怎能知道鴉片進口及白銀出口的數目呢？他們的知識一部分得自傳聞，因為鴉片買賣已成了公開的祕密，一部分得自推測。他們知道在嘉慶年間，每兩銀子可換制錢一千文，在道光中年，可換至一千六百文。他們的結論是：銀價的提高是因為銀子流出外洋。這個結論不盡可靠，因為在道光年間，中國各省鑄錢太多，且錢質也太壞。他們所得的傳聞往往亦言過其實。正因為他們的運動沒有科學的基礎，他們的熱忱反而加高。

當時在廣州有少數留心時務的士大夫共同探討鴉片問題。順德人何太青曾主張這個辦法：「紋銀易煙出洋者不可數計。必先罷例禁，聽民間自種罌粟。內產既盛，食者轉利值廉，銷流自廣。夷至者無所得利，招亦不來，來者則竟弛關禁而厚徵其稅。責商必與易貨，嚴銀禁罪名。不出二十年，將不禁自絕。實中國利病樞機。」監課書院教官吳蘭修很贊成這個主張，自己作了一篇《弭害論》以資宣傳，並請了學海堂同事們出來提倡。這些人都是粵東道臺許乃濟的朋友，他也相信這個主張是唯一可能的辦法。在道光十六年（1836年）他做太常寺少卿的時候，他就奏請禁白銀出口，不禁鴉片進口但加稅，且許人民種煙，希望拿國貨來抵制外貨。許乃濟及他的同志都知道這個辦法是下策，但是他們認清禁煙雖是上策，可惜是不能行的上策。御史們如許球、朱鑲、袁玉麟都

反對開禁，以為事系天下風化，萬不可為，且如能禁白銀出口，**就能禁鴉片進口**。許乃濟的辦法就打消了。

　　道光十八年（1838年），黃爵滋奏請治吸煙者以死罪，這是**禁煙加嚴的大呼聲**。宣宗令各省將軍督撫討論。大多數的人都以為死罪太重，因為太重，地方官吏反不執行了，他們以為販賣者的罪實大於吸食者。唯獨湖廣總督林則徐完全贊成。宣宗於是決定吸食與販賣同時都禁，並派林則徐為欽差大臣，到鴉片貿易大本營的廣東去禁煙。

九、鴉片戰爭前後

林文忠於道光十九年（1839年）春天到廣州。

廣東的中外煙商對於朝廷及官吏的禁煙實是司空見慣毫不在乎。他們以為文忠一定是和別的官吏一樣，初到任時，擺個架子，大講禁煙，架子擺得愈大不過表示要錢愈多。他們想拿對付別的官吏的法子來對付文忠。不幸文忠是中國官場的怪物，也就是說，他居然辦事認真，說到哪裡，就做到哪裡。他下令要煙商完全把鴉片交出來。煙商不聽令，他就撤退十三行的僕役，斷絕接濟，派兵封圍十三行。這個辦法不是文忠獨創的，廣東幾百年來「馭夷」的方法就是這樣。他為什麼不派兵船到海上去拿煙船呢？因為他知道中國兵船的力量不夠。他為什麼不分好壞把外商都封鎖起來呢？一則因為好壞難分，二則因為三百多個外商之中，只有幾個人從來沒有做過鴉片買賣。他為什麼把英國商業監督義律（Charles Elliot）也封鎖起來呢？因為中國與英國

沒有邦交，不承認有所謂商業監督存在。林文忠全用傳統的方法，因為他不知道有別的方法。他是中國純粹舊文化的產物。他的特別是他忠實地要行孔孟程朱之學，不只嘴巴講而已。

義律知道了沒有法子可以對付這個橫蠻的欽差，於是以英國政府的名義令英商把所有的鴉片交給他，由他發收據。英商喜出望外，因為他們可以向政府追索財產或其賠償。這一舉是林文忠的大幸，也是他的大不幸。有此一舉，他得了兩萬多箱的鴉片煙，簡直一網打盡。他的報告到了北京的時候，宣宗批諭說：「朕心深為感動，卿之忠君愛國，皎然於域中化外矣。」同時因為義律玩了這套把戲，他交出的鴉片已不是英商的私產，是英國政府的公產，因此這問題更加嚴重。

鴉片收了、毀了，朝廷升他為兩江總督，普通官吏大可就此收場。林文忠則不然，他要辦到底。他令外商具一甘結以後不再做鴉片買賣，如做而被發覺，貨則入官，人則處死。不具甘結者，他要他們回國不再來。義律率領英商既不具甘結，也不回國。他的實在理由是要等英國政府的訓令然後再作處置。林文忠則以為義律與煙商狼狽為奸，從中取利。所以他就下令禁止沿海人民接濟淡水食物，因此在這年秋季中英就兵火相見了。

在義律方面，他這年秋季及次年春季所有的武力僅兩隻小船，其餘都是商船臨時應戰。他與林文忠兩次的衝突，他不叫戰爭（War），只稱報復（Reprisal）。文忠的軍事報告不免言過其實，這不是水師提督關天培蒙蔽他，就是他有意欺君。不幸關天培頗負時譽，林文忠的官聲素好，所以時人就信他們是百戰百勝的。文忠於軍備的努力亦言過其實。他買了一隻外國舊商船，改作水師練船。他又買了些外國的小炮，在虎門口，他安了一根大鐵鍊子，以防英船的駛進。他令沿海居民辦團練，他是相信可以利用「民氣」以禦外侮的。他自信很有把握，最可惜的是，時人也相信他有把握。到道光二十年（1840年）

的夏季，英國水路軍隊到了中國洋面的時候，他們不攻廣州，反攻珠山。文忠及時人的解釋是英人怕他的軍備！

英國的目的有兩個：一個是要得鴉片賠款，一個是要大修改通商制度。英國以為打仗應在北邊，交涉更應近北京，不然，不能收速效。所以占了珠山以後，英國交涉員就率領艦隊到天津去，在天津負責交涉者是琦善，他對英國武備加以研究以後，就認定中國絕不能與英國開戰，於是不能不和。適英國政府致中國宰相書為琦善開了講和之路。該書要求條款甚多，沒有一條是當時中國所能接受的。但要求的理由就是林文忠禁煙方法的橫暴。琦善把這個交涉當做一場官司辦理：英人既說林欽差欺負了他們，那麼查辦林則徐豈不可以了事？以中國皇帝的命令去查辦中國的疆吏不但無損國體，反足以表示中國的寬大。義律以琦善的態度開明，交涉不能失敗，就答應率艦隊回廣州再議。林則徐闖出大禍，致定海縣失守；琦善憑三寸之舌把英軍說退了，宣宗就罷免林則徐，派琦善去查辦。

琦善到了廣州，義律又舊話重提。琦善仍主和。英國政府給代表的訓令要他們要求中國割一島，如中國不願割地，則加開通商口岸。這點選擇是中國外交唯一的機會。琦善看到了這個機會，主張不割地，只加開通商口岸。清廷不許割地，也不加開通商口岸；義律則一心要香港。於是主和者的琦善也與英人決裂了。軍事失敗，以後就訂《穿鼻草約》，割香港與英國。清廷得信以後，就把琦善革職拿問。宣宗從此一意主戰。

既然主戰，宣宗就應該復用林則徐。文忠自告奮勇，願到浙江去收復失地。在浙督師的裕靖節亦竭力保他能勝任。於是宣宗令文忠到浙江去戴罪立功。不料道光二十一年（1841年）夏季，英國新軍將到浙江的時候，宣宗臨時又把文忠遣戍伊犁。是以這位自信能「剿夷」，時人也信他能「剿夷」的林則徐終於沒有機會可以一現他的本

領。

　因此，我們的鴉片戰爭雖敗了，大敗了，時人絕無絲毫的覺悟。他們不認輸。他們以為致敗之理由，不在中國軍備不及外人，是在奸臣誤國，使林文忠不得行其志。好像兩個球隊比賽。甲隊的導師臨時不許其健將某人出場，以後敗了，其咎當然在導師，不在球隊。在道光年間，中西文化如要比賽的話，無疑的，中國隊員的隊長自然是林則徐。則徐未得出場，國人當然有以自慰。因此中有這個大波折，國人又酣睡了二十年。

十、「撫夷」的難題

　　負責辦理戰事善後者是伊里布及耆英。伊里布秉承琦善的衣缽，而耆英又秉承伊里布的衣缽。他們是「撫夷」派。他們撫夷的方法見於他們所訂的《中英南京條約》和《虎門條約》、《中美望廈條約》及《中法黃埔條約》。

　　中國戰爭的目的沒有達到，因為英國雖不反對禁煙，但反對中國再用林則徐用過的方法。這樣一來，禁等於不禁，因為以中國的國力及國情，用文忠的方法尚有一線之望，不用則全無禁煙的希望。

　　英國戰爭的目的完全達到了。通商制度大加修改了。我們現在把南京、虎門、望廈及黃埔諸條約當做最早的不平等條約看，因為這些條約裡有領事裁判權、協定關稅，及片面的最惠國待遇。雖然我們不可就此下結論，說這些不平等條款是帝國主義壓迫我們的工具。道光時代的人的看法完全與我們兩樣：他們不反對領事裁判權，因為他們

想以夷官按夷法來治夷人是極方便省事的。他們不反對協定關稅，因為他們想把稅則一五一十地訂在條約裡可以免去許多的爭執，並且耆英所接受的協定稅則比中國以往國定的稅則還要高。他們不反對片面的最惠國待遇，因為他們想不到有中國人要到外國去，其實當時的法令禁止人民出洋。至於租界制度並不是根據任何條約起始的，最早的租界是上海英人居留地（Settlement），由上海道與英國領事訂的。原來外人初到上海的時候，他們在城內租借民房，後來中國地方官吏感覺華洋雜居，管理不易；外人亦感覺城內衛生不好，交通不便。為外人劃出一特別區域為其居留地是出於雙方樂意的。時人並不反對。他們不論撫夷派或剿夷派，不知道，亦無從知道這些條款之主權的及經濟的損失，剿夷派所痛恨的是賠款和五口通商。他們認為賠款是輸金以養夷，使夷力坐大。他們以為有了五口，那就防不勝防了。其實這五口，上海除外，都是康熙年間曾經有過通商的地點。

最奇怪的是，英人認為《南京條約》是中英平等的承認及保障，因為條約規定中英官吏可以平等往來。這一條是剿夷派所不甘心的。

《南京條約》以後，中國以兩廣總督（最初是廣州將軍）兼欽差大臣負責處理夷務，而以兩江總督副之。我們可以說，在道咸年間粵督是中國的外交總長，江督是次長。此外北京並沒有專辦外交的衙門。

第一任總長是伊里布，不滿一年他就死了。繼任的是耆英。鴉片戰爭以後的通商制度幾全成於耆英之手。他撫夷的技術很值得我們注意：

　　……其所以撫綏羈縻之法，亦不得不移步換形。固在格之以誠，尤須馭之以術。有可使由不可使知者，有示以不疑，方可消其反側者；有加以款接，方可生其欣感者；並有付之包

荒，不必深與計較，方能於事有濟者。……夷人會食，名曰大
餐。……奴才偶至夷樓夷船，渠等亦環列侍坐，爭進飲食，不
得不與共杯勺，以結其心。且夷俗重女，每有尊客，必以婦女
出見。……奴才於赴夷樓議事之際，該番婦忽出拜見。奴才踟
躕不安，而彼乃深為榮幸。此實西洋各國風俗，不能律以中國
之禮。倘驟加呵斥，無從破其愚蒙，適以啟其猜嫌……

　　耆英所謂「馭之以術」，就是肯與外以交際。這沒有什麼了不
得。但清議罵他「媚外」，因為清議要死守「人臣無私交」的古訓。
換句話說，鴉片戰爭以後，時論乃不許中國有外交。
　　耆英最感困難的是廣東民情與夷情之調劑。鴉片戰爭以後，廣東
人特別仇恨外人，而外人的氣焰自然亦比戰前亦高，於是發生許多
私鬥暗殺事件。耆英不惜以嚴刑處置暗殺者。御史們罵他「抑民奉
夷」。在這種氣氛之下，發生廣州入城問題。廣州人堅持不許外人入
城，好像城內是神聖之地，不容外夷沾染。英人把這種態度看做侮
辱，堅持要入城，以不許入城為違約。耆英左右為難，對人民則竭力
開導，對英人則勸其不著急。到了道光二十七年（1847年），英人
不能忍了，於是以武力要脅。耆英不得已與之定約，許兩年後進城。
《清史稿》說：「耆英知終必有釁，二十八年請入覲，留京供職。」
這個解釋頗近情，因為耆英離開廣州以後，官運尚好，「管理禮部兵
部，兼都統，尋拜文淵閣大學士」。這樣，耆英的脫離外交，似乎不
是因為宣宗不信任他了，是因為他自己畏難而退。

十一、「剿夷」外交的代價

雖然，這個解釋也有困難。宣宗訓令他的繼任者說：

> 唯疆寄重在安民：民心不失，則外侮可弭。嗣後遇有民夷
> 交涉事件，不可瞻徇遷就，有失民心……總期以誠實結民情，
> 以羈縻辦夷務，方為不負委任。

這就是批評耆英的政策，並且繼任者是徐廣縉。廣縉也是佩服林
文忠者之一。他繼任之初，就請教文忠馭夷之法，文忠答以「民心可
用」。其實耆英的下臺及徐廣縉的上臺不是尋常官吏的調動，是撫夷
派的下野和剿夷派的登朝執政。徐廣縉秉承林文忠的衣缽，而葉名琛
以後又秉承徐廣縉的衣缽。可惜徐廣縉是個小林則徐，而葉名琛又是
個小徐廣縉。英法聯軍禍根就種於此。

徐廣縉繼任一年以後，耆英兩年後入城的條約到期，英人根據此約要求進城。廣縉與名琛於是聯絡地方士紳大辦團練，「共團勇至十萬餘人，無事則各安工作，有事則立出捍衛，明處則不見荷戈持戟之人，暗中實皆折衝禦侮之士」。廣州官民同心以武力抵抗。英人終覺因入城問題而作戰，未免小題大做。於是聲明保留權利，以待他日。廣縉遂以英人怕百姓，放棄入城之舉報告北京。宣宗高興極了，賞了廣縉子爵，名琛男爵，並賜廣州人民御書「眾志成城」四字。剿夷派外交的起始總算是順利。

文宗即位（道光三十年正月）以後，剿夷派的勢力更大。大學士潘世恩及給事中曹履泰等均謂應該起用林則徐，「庶幾宋朝中國復相司馬之意」。文宗亦有此意。三十年（1850年）十月，他手筆下詔宣布撫夷派的罪狀。咸豐朝的對外態度於此畢露了。

這時適有太平天國的革命，清政府的江山幾乎不保，但京內外的藩夷政策並不因此修改。在廣東，葉名琛自以為很有把握，文宗亦十分信任他。咸豐四年（1854年），英、法、美三國共同要求中國修改通商條約。三國代表到兩江及天津去交涉，地方官吏均答以修約之事只有葉名琛能主持，但是他們到廣東去的時候，名琛總是託故不見，最後又回答他們只知守約，不知改約。是時英法正聯軍助土耳其抵抗俄國，而急於修約的英國亦以為不如等中國內亂之勝負決定後再議，於是擱置修約問題。名琛不知道這個內幕，反自居功，以為他得到馭夷的祕訣了。

其實外人，尤其是英國人，這時已十分不滿意舊約。他們以為商業不發達是由於通商地點太少，且偏於東南沿海，長江華北均無口岸；他們又覺得中國內地的通過稅太繁，致貨物不能流通。外國代表對葉名琛的辦事方法也十分憤慨，以為邦交制度非根本改革不可。外人氣焰之高，很像鴉片戰爭以前的樣子。

1858年1月5日，英法聯軍俘獲了不戰不和的兩廣總督葉名琛，隨即將其押至英艦並送往印度加爾各答，不久死去。圖中所繪即是俘虜葉名琛的場景。

1858年6月26日，清政府代表桂良、花沙納與英國代表額爾金正式簽訂了《中英天津條約》。圖中所繪即為條約簽字時的場景，桌後坐著的從左至右依次為花沙納、額爾金和桂良。

葉名琛於此時給外人以啟釁的口實，咸豐六年（1856年），廣西西林縣殺了一個馬神父。法國代表要求處置，名琛一事推諉。這時拿破崙三世欲得教皇的歡心以維持他的帝位，有了馬神父的懸案，他就師出有名了。同時葉名琛因捕海盜事，與英人起了衝突。於是英法聯軍，首攻廣州。名琛不和不戰，終為英人所擄。咸豐八年（1858年），聯軍由大沽口進據天津。清廷恐京師受擾，於是派桂良及花沙納到天津去修約。

天津交涉最嚴重的問題，第一是北京駐使。士大夫簡直以此事為荒謬絕倫，萬不可許。第二是長江開通商口岸及內地遊行，這樣遍地都有外夷，簡直防不勝防了。至於減低關稅及改內地各種通過稅為二五子口稅，時人倒覺得不值得爭。桂良及花沙納（天津人說，那年桂花不香）以為不簽字，則外人必直逼京師；簽字則外軍可退，中國可徐圖挽回。《天津條約》實在可說是城下之盟了。

簽字以後，北京就教桂良到上海去「挽回」已失權利。清廷知道若否認條約必致引起戰禍，於是有所謂「內定辦法」：中國以後完全不收關稅，外人放棄北京駐使，長江通商及內地遊人。時人以為外夷既唯利是圖，以利誘之，他們必就範。桂良到了江南，地方官吏均反對這個內定辦法：不收關稅，則軍餉無來源。萬一外人接受了這個便宜，同時又不放棄新得的權利，那又怎樣？桂良費了九牛二虎之力，疏通英國，結果允諾不派使駐京。他覺得此外不能再有所得，只好批准《天津條約》。

次年，各國派使到北京去交換批准證書。北京也為他們預備了公館，以便接待。但各國疑心甚大，所以派兵船護送公使北上。清廷於咸豐八年（1858年）派了僧格林沁在大沽設防，以免外人再據天津。中國原意堵塞海河交通，留北塘一路出入，則外人不能武裝進京。外人見了大沽不能通行，遂以為中國有心廢約。他們把中國軍備看得太

輕了。一戰的結果，外人大敗，於是英法要復大沽之仇。

　　咸豐十年（1860年），我們的外交一誤於北京不給桂良全權證書——時人以為唯獨皇帝可以有全權，再誤於捕拿外國交涉員。終至聯軍入京，毀圓明園，而《天津條約》以外又有所謂《北京條約》了。

　　剿夷派外交的代價不能不算大。

十二、俄羅斯侵吞國土

上文已經說過，俄國占了西伯利亞以後，中國的國際地位加了一路的侵略。但《尼布楚條約》終究實行了一百六十餘年。到了十九世紀中葉，歐人自水路來者的侵略復行積極的時候，自旱路來者的侵略也積極了。剪刀在那裡活動了。

俄人最初假道黑龍江出師，以防英法的侵略；次則實行占據江北。等到布置好了，然後與黑龍江將軍奕山開始交涉。咸豐八年（1858年），簽訂《璦琿條約》，將黑龍江以北的土地劃歸俄國。咸豐九年（1859年），中國想否認該約。等到英法聯軍進了北京以後，中國不但無力取消《璦琿條約》，反又訂《北京條約》，把烏蘇里江以東的土地讓給俄國。中國的大東北縮小了一半，而且俄國得了符拉迪沃斯托克，可以角逐於北太平洋。

俄國沒有費絲毫之力就得了八十萬平方公里的土地，其對華外交的靈敏可說遠在英國之上，而且俄國自始至終以中國的「朋友」自居！

圖中所繪為俄國沙皇亞歷山大二世加冕典禮的盛大場景。亞歷山大二世於1855～1881
年在位，在俄羅斯的歷史上是與彼得一世、葉卡捷琳娜二世齊名的皇帝。他在位期間主
持了多項政治改革，如下詔廢除了農奴制，制定了把俄羅斯君主制改造為君主立憲制的
改革計畫。也正是他在位期間，透過與清政府簽訂《璦琿條約》、《中俄北京條約》及
《中俄勘分西北界約記》（即《塔城界約》），使中國失去了150萬平方公里的領土，
並使中國完全喪失了日本海的出海口。

十三、自強運動的興起與失敗

　　咸豐十年（1860年）的大挫折終於喚醒了一部分的中國人。在咸豐八年、九年，文宗的親弟恭親王奕訢是頑固派之最頑固者，首先提議捕殺外國交涉員的就是他。文宗逃往熱河的時候，派他留守北京。咸豐十年的經驗給了他及他的助手文祥兩個教訓。他們從此知道外國的槍炮實非我們所能敵。同時他們發現外國人也講信義：與外人訂了約以後，他們果然遵約退出北京。於是奕訢與文祥決心自強，並且知道中國還可利用外國專門人才以圖自強。

　　適此時曾國藩、李鴻章、左宗棠諸疆吏因與太平天國開戰，免不了與外人發生關係。他們也得了同樣的教訓。這五人的努力造成了同治中興的局面。

　　他們是中國的第一流政治家，知道中國所處的局勢是數千年的變局，而且圖以積極的方法應付之。他們的大政方針分兩層：以外交治

1881年，上海英商瑞記洋行在上海租界內開辦華洋德律風公司，架起市內電話線路，從此中國出現了電話。圖中顯示的是晚清時期電話局內的情景。

清政府先後建立福建、廣東、南洋和北洋四支近代化的海軍，以求強軍禦敵。此照片為北洋水師「致遠艦」官兵合影，中間站立者即為該艦管帶鄧世昌。

標，以自強治本。這個治本之策是步步發展的。最初不過練洋槍隊；繼則買製器之器、以圖自己造船；終而設學校，派留學生，以圖自己能製這製器的器具。等到光緒年間，他們進而安電線、開煤礦、修鐵路、辦海軍、設招商局、立紗廠。我們現在以為他們的事業不夠，可是如果知道他們的困難，我們也不批評他們了。時人多怪他們以夷化夏，多方反對。加以事權不一，掣肘者多。政府沒有整個的計畫，事業的成敗要靠主辦者個人的勢力。

至於治標方面，奕訢及文祥創立一個總理各國事務衙門來負外交的全責。總署拿定主意謹守條約以避戰禍。但是十九世紀的後四十年，外來的壓迫節節加緊。這時工業化的國家也多了，各國都須在海外找市場，不像以往只有英國。同時西洋人把達爾文的學說應用於民族之間：優勝劣敗既然是天理，強者有助天淘汰弱者之責。所謂近代的帝國主義狂瀾充滿了全世界。加之這時在已有的兩路的侵略——剪刀式的夾攻——之上，又來 個從東面臨頭砍殺的日本。治標沒有治好，治本也不足濟事。甲午之戰是自強運動的失敗。

十四、尾言

　　自強失敗以後，就是瓜分，瓜分引起民族革命。這是甲午以後，我們對世界大變局的應付。

　　無疑地，經過三十餘年的革命，我們的民族意識大有進步。無疑地，這民族意識是我們應付世界大變局的必需利器。現在的問題是，這民族意識能否結晶，能否具體化。我們是否從此團結一致來禦外侮；我們是否因為受了民族主義的洗禮，而就能人人以國事為己任？這些條件會決定我們最後對這個大變局的應付成敗。

一、引言

　　鴉片戰爭的終止之日，當然就是道光二十二年（1842年）七月二十四日，中英兩國代表簽訂《南京條約》之日。至於起始之日為何日，則不易定。因為中、英雙方均未發表宣戰正式公文，並且忽戰忽和，或戰於此處而和於彼處。此種畸形的緣由大概有二：一則彼時中國不明國際公法及國際關係的慣例。不但不明，簡直不承認有所謂國際者存在。中、英的戰爭，在中國方面，不過是「剿夷」、「討逆」。就此一點，我們就能窺測當時國人的心理和世界知識。第二個緣由是彼時中、英兩國均未預抱一個必戰之心。中國當初的目的全在禁煙。宣宗屢次的上諭明言不可輕啟邊釁。在道光十八年（1838年）各省疆吏覆議黃爵滋嚴禁鴉片的奏摺之時，激烈派與和緩派同等的無一人預料禁煙會引起戰爭。不過激烈派以為，倘因達到禁煙目的而必須用兵以迫「外夷順服」則亦在所不惜。在英國方面，自從律勞卑（Lord Napier）以商業監督（Superintendent of Trade）的資格於道光

十四年（1834年）來華而遭拒絕後，英政府的態度就趨向消極。繼任的監督雖屢次請訓，政府置之不理。原來英國在華的目的全在通商。做買賣者，不分中外古今，均盼時局的安定。我們敢斷定：鴉片戰爭以前，英國全無處心積慮以謀中國的事情。英政府的行動就是我們所謂「將就了事，敷衍過去」，英文所謂「Muddle along」。英國政府及人民固然重視在華的商業，而且為通商中、英已起了好幾次衝突，不過英國人的守舊性甚重，不好紛事更張，因為恐怕愈改愈壞。及林則徐於道光十九年（1839年）春禁煙錮英商與英領，以迫其繳煙的信息傳到英京之時，適當巴麥尊爵士（Lord Palmerston）主持英國的外交。此人是以提倡積極政策而在當時負盛名的。他即派遣艦隊來華，但仍抱一線和平的希望，且英國贊成和平者亦大有人在。倘和議不成而必出於一戰，巴麥尊亦在所不惜。故鴉片戰爭的發生，非中、英兩國所預料，更非兩國所預謀。戰爭雖非偶然的，無歷史背景的，然初不過因禁煙而起衝突，繼則因衝突而起報復（Reprisal），終乃流為戰爭。

　　鴉片戰爭，當做一段國際關係史看，雖是如此畸形混沌，然單就中國一方面研究，則顯示可分為三期。第一期是林則徐主政時期，起自道光十九年（1839年）正月二十五日，即林以欽差大臣的資格行抵廣東之日。第二期是琦善主政時期，起自道光二十年（1840年）七月十四日，即琦善與英國全權代表懿律（Admiral George Elliot）及義律（Captain Charles Elliot）在大沽起始交涉之日。第三期是宣宗親自主政時期，起自道光二十一年（1841年）二月六日，即琦善革職拿問之日，而止於道光二十二年（1842年）七月二十四日的《南京條約》，在專制政體之下，最後決斷權，依法律當然屬於皇帝。然而事實上，常常有大臣得君主的信任，言聽計從。此地所謂林則徐及琦善主政時期即本此意而言。緣此，林的革職雖在道光二十年（1840年）九月八日，然自七月中以後，宣宗所信任的已非林而為琦善，故琦善主政

時期實起自七月中。自琦善革職以後，直到英兵破鎮江，宣宗一意主戰。所用人員如奕山、奕經、裕謙、牛鑑等不過遵旨力行而已。雖有違旨者，然皆實違而名遵，故第三期稱為宣宗主政時期，似不為無當。

　　三期中，第一期與第三期為時約相等，各占一年半。第二期——琦善主政時期——為最短，半年零數日而已。在第一期內，嚴格說，實無外交可言。因為林則徐的目的在禁煙，而禁煙林視為內政——本係內政——不必事先與外人交涉，所採步驟亦無須外人的同意。中、英往來檔，在林方面，只有「諭示」；在英領義律方面，迫於時勢，亦間「具稟」。此時義律既未得政府訓令，又無充分的武力後援，他的交涉，不過圖臨時的相安，他的軍事行動不過報復及保護在華英人的生命和財產。到第三期，更無外交可言。雙方均認為交涉無望，一意決戰。後來英兵抵南京，中國於是屈服。在此三年半內，唯獨琦善主政的半年曾有過外交相對的局勢。在此期之初，英國全權代表雖手握重兵，然英政府的訓令是叫他們先交涉而後戰爭，而兩代表亦以迅和以復商業為上策。訓令所記載的要求雖頗詳細，然非完全確定，尚有相當伸縮的可能。在中國一方面琦善的態度是外交家的態度。他的奏摺內，雖有「諭英夷」、「英夷不遵勸誡」字樣，但他與英人移文往來，亦知用「貴國」、「貴統帥」的稱呼。且他與英人面議的時候，完全以平等相待。至於他的目的更不待言，是圖以交涉了案。故琦善可說是中國近九十年大變局中的第一任外交總長。

　　這個第一任外交總長的名譽，在當時，在後代，就是個「奸臣」和「賣國賊」的名譽。不幸，琦善在廣東除任交涉以外，且署理兩廣總督，有節制水陸軍的權力和責任。攻擊他的有些注重他的外交，有些注意他的軍事。那麼，琦善外交的出發點就是他的軍事觀念，所以我們先研究琦善與鴉片戰爭的軍事關係。

二、琦善與鴉片戰爭的軍事關係

　　道光二十一年（1841年）二月初間虎門失守以後，欽差大臣江蘇巡撫裕謙上了一封彈劾琦善的奏摺。他說：「乃聞琦善到粵後，遣散壯勇，不啻為淵驅魚，以致轉為該夷勾去，遂有大角、沙角之陷。」裕靖節是主戰派首領之一，也是疆吏中最露頭角的人。他攻擊琦善的意思不外林則徐督粵的時候，編收本省壯丁為團勇，琦善到粵則反林所為而遣散之。這班被撤的壯丁就變為「漢奸」，英人反得收為己用。此說的虛實，姑不討論：倘中國人民不為中國打外國，就必反助外國打中國，民心亦可見一斑了。

　　靖節的奏摺上了不滿二月，御史駱秉章又上了一封，措辭更激烈：「竊惟逆夷在粵，滋擾幾及一年。前督臣琦善到粵查辦，將招集之水勇，防備之守具全行撤去。迨大角、沙角失事，提鎮專弁赴省求援，僅發兵數百名，遣之夜渡，惟恐逆夷知覺，以致提督關天培、總

兵李廷鈺在炮臺遙望而泣。」這樣說來，琦善的罪更大了：除遣散壯勇之外，還有撤防具陷忠臣的大罪。駱文忠原籍廣東花縣。折內所言，大概得自同鄉。他為人頗正直。道光二十一年（1841年）以前，因查庫不受賄已得盛名。故所發言辭，不但足以左右當時的清議，且值得我們今日研究。

此類的參奏不必盡引，因為所說的皆大同小異。但道光二十一年（1841年）六月，王大臣等會審的判詞是當時政府最後的評定，也是反琦善派的最後勝利，不能不引。

> 「此案琦善以欽差大臣查辦廣東夷務，宜如何慎重周詳，計出萬全。該夷既不遵照曉諭，辦理已形猖獗，即當奏請調兵迅速剿除。乃妄冀羈縻，暫以香港地方許給，俾得有所藉口。於一切防守事宜，並不預為設備，以致該夷疊將炮臺攻陷，要隘失守，實屬有誤機宜。自應按律問擬。琦善合依守備不設失陷城塞者斬監候律，擬斬監候，秋後處決。」

這個判詞實代表當時的清議。所可注意者，政府雖多方搜羅琦善受賄的證據，判詞內卻無受賄的罪名。

但是當時的人不明瞭琦善為什麼要「開門揖盜」，以為必是受了英人的賄賂。戰爭的時候，左宗棠——同、光時代的恪靖侯——正在湖南安化陶文毅家授課。道光二十一年（1841年）他致其師賀蔗農的信有一段極動人的文章：

> 「去冬果勇楊侯奉詔北行。有人自侯所來云：『侯言琦善得西人金巨萬，遂堅主和議。將恐國計遂壞伊身。』昨見林制府謝罪疏，末云『並恐彼族別生祕計』云云，是殆指此。誠如

是，其愚亦大可哀矣。照壁之詩及渠欲即斬生夷滅口各節，情
狀昭著。炮臺失陷時，渠馳疏謂二炮臺孤懸海外，粵東武備懈
弛，寡不敵眾，且云彼族火器為向來所未見，此次以後，軍情
益餒。無非欺君罔上，以和為主。張賊勢而慢軍心，見之令人
切齒。」

　　左的信息得自「自侯所來」者。果勇侯楊芳原任湖南提督，於道
光二十一年（1841年）正月八日放參贊大臣，馳驛前往廣東，剿除逆
夷。他於正月二十一日接到了這道上諭，二月十三日行抵廣東省城。
他在起程赴任之初即奏云：「現在大局或需一面收復定海，一面准其
於偏岸小港屯集貨物。」換言之，浙江應與英人戰，廣東應與英人通
商以求和。自然宣宗以為不妥。抵廣東後他就報告：「預備分段援
應，共保無虞。」但是他所帶的湖南兵為害於英人者少，為害於沿途
及廣東人民者反多。三月初，果勇侯又有「布置攻守機宜」的奏摺，
說：「城廂內外民心大定，遷者漸復，閉者漸開，軍民鼓勇，可期無
虞。」宣宗當然欣悅之至：「客兵不滿三千，危城立保無虞。若非
朕之參贊大臣果勇侯楊芳，其孰能之？可嘉之處，筆難宣述。功成之
日，佇膺懋賞。此卿之第一功也。厥後尤當奮勉。」後來的奮勉或者
有之；至於第二功則無可報了。雖然敗仗仍可報勝仗，自己求和仍可
報外夷「懇求皇帝施恩，准予止戰通商」。皇帝遠在北京，何從知道
這就是楊芳日後顧全面子的方法。左宗棠的資訊既間接得自果勇侯，
就不足信。何況果勇侯傳出這資訊的時候，既在途中，亦必間接得自
廣州來者。至於琦善「欲即斬生夷滅口」之說，遍查中外在場人員的
記載均未發現。獨在湖南安化鄉中教書的左先生知有其事，且認為
「情狀昭著」，豈不是甚奇了！
　　同時廣東的按察使王庭蘭反說他屢次勸琦善殺義律而琦善不許。

他寫給福建道員曾望顏的信述此事甚詳：「義律住洋行十餘日。省河中夷船舢板數隻而已，不難擒也。伊亦毫無準備，有時義律乘轎買物，往來於市廛間。此時如遣敢死之士數十人除之，直囊中取物耳。乃屢次進言於當路，輒以現在講和，未可輕動。是可謂宋襄仁義之師矣。」琦善倘得了「西人金巨萬」，授之者必是義律；「欲即斬生夷滅口」，莫若斬義律。琦善反欲效「宋襄仁義之師」，豈不是更奇了！王庭蘭的這封信又形容了琦善如何節節後退：「賊到門而門不關，可乎？開門揖盜，百喙難辭。」王庭蘭既是廣東的按察使，他的信既由閩浙總督顏休燾送呈御覽，好像應該是最好的史料。不幸琦善在廣東的時候，義律不但未「住洋行十餘日」，簡直沒有入廣州。這封信在顯明的事實上有此大錯，其史料的價值可想而知了。

琦善倘若撤了廣州的防具，撤防的原動力不是英國的賄賂，這是我們可斷定的。但是到底琦善撤了防沒有？這是當時及後來攻擊琦善的共同點，也是琦善與鴉片戰爭的軍事關係之中心問題。道光二十年（1840年）的秋末冬初——宣宗最信任琦善的時候——撤防誠有其事，然撤防的責任及撤防的程度則大有問題在。

宣宗是個極尚節儉的皇帝。林則徐在廣東的時候，大修軍備，但是宣宗未曾一次許他撥用庫款。林的軍費大概來自行商及鹽商的捐款。道光二十年（1840年）六月七日，英軍占了定海。於是宣宗腳慌手忙地飭令沿海七省整頓海防。北自奉天，南至廣東，各省調兵、募勇、修炮臺、請軍費的奏摺陸續到了北京。宣宗仍是不願疆吏扣留庫款以作軍費。當時兵部尚書祁寯藻和刑部右侍郎黃爵滋正在福建查辦事件。他們同閩浙總督鄧廷楨及福建巡撫吳文鎔會銜，建議浙江、福建、廣東三省應添造大船六十隻，每隻配大小炮位三、四十門。「通計船炮工費約需銀數百萬兩。」他們說：「當此逆夷猖獗之際，思衛民彌患之方，詎可苟且補苴，致他日轉增糜費。」宣宗不以為然。他以為海防全在平日認真操練、認真修理，「正不在紛紛添造也」。此

是道光二十年（1840年）七月中的情形。

八月中，琦善報告懿律及義律自大沽帶船回南，並相約沿途不相攻擊，靜候新派欽差大臣到廣東與他們交涉。宣宗接了此折，就下一道上諭，一面派琦善為欽差大臣，一面教他「將應撤應留各兵分別核辦」。琦善遵旨將大沽的防兵分別撤留了。

九月初四，山東巡撫托渾布的奏摺到了北京，報告英國兵船八隻於八月二十二日路過登州，向南行駛。托渾布買了些牛羊菜蔬「酌量賞給」。因此，「夷眾數百人一齊出艙，向岸羅拜，旋即開帆南駛。一時文武官弁及軍吏士民萬目環觀，咸謂夷人如此恭順，實出意料之外」。宣宗以為和議確有把握，於是連下了兩道諭旨，一道「著托渾布體察情形，將前調防守各官兵，酌量撤退歸伍，以節糜費」；一道寄給盛京將軍耆英，署兩江總督裕謙及廣東巡撫怡良：「著詳加酌核，將前調防守各官兵分別應撤應留，妥為辦理。」適同日閩浙總督鄧廷楨奏摺到京，報告從福建調水勇八百名來浙江。宣宗就告訴他，現在已議和，福建的水勇團練應分別撤留，「以節糜費」。是則道光二十年（1840年）九月初，琦善尚在直隸總督任內，宣宗為「節省糜費」起見，已令沿海七省裁撤軍隊。

琦善於十一月六日始抵廣東。他尚在途中的時候，沿海七省的撤防已經實行了。奉天、直隸、山東與戰爭無關係，可不必論。南四省中首先撤防者即江蘇。裕謙於十月三日到京的折內報告，共撤兵五千一百八十名，並且「各處所僱水陸鄉勇亦即妥為遣散」。十月十七日的報告說陸續又撤了些：「統計撤兵九千一百四十名。」廣東及浙江撤兵的奏摺同於十一月一日到京。怡良說：「查虎門內外各隘口，兵勇共有萬人。督臣林則徐前次奉到諭旨，當即會同臣將次要口隘各兵陸續撤減二千餘名，臣復移諮水陸各提鎮，將各路中可以撤減者再為酌核情勢，分別撤減以節糜費。」撤兵的上諭是九月初四發的，罷免林則徐的上諭是九月初八發的。怡良所說廣東初次撤

兵是由林與他二人定奪，此說是可能的。怡良署理總督以後，又擬再撤，但未說明撤多少。伊里布在浙江所撤的兵更多。照他的報告共撤六千八百名，共留鎮海等處防堵者五千四百名。南四省之中，唯福建無撤兵的報告。

　　總結來說，與鴉片戰爭有關係的四省，除福建不明外，餘三省——江蘇、浙江、廣東——均在琦善未到廣東以前，已遵照皇帝的諭旨實行撤兵。江蘇所撤者最多，浙江次之，廣東最少。廣東在虎門一帶至少撤了二千兵勇，至多留了八千兵勇。道光二十年（1840年）秋冬之間，撤防誠有其事，並且是沿海七省共有的，但撤防的責任不能歸於琦善，更不能歸於他一人。

　　琦善未到任以前的撤防雖不能歸咎於他。他到任以後的行動是否「開門揖盜」？道光二十年（1840年）十二月和道光二十一年（1841年）二月的軍事失敗是由於琦善到任以後的撤防嗎？散漫軍心嗎？陷害忠臣嗎？

　　琦善初到廣東的時候，中、英已發生軍事衝突，因為中國守炮臺的兵士攻擊義律派進虎門送信而掛白旗的船隻。這不但犯了國際公法，且違背了朝廷的諭旨，因為宣宗撤兵的上諭已經明言：除非外人起釁，沿海各處不得開火。琦善本可懲辦，但他在奏摺內不過說：「先未迎詢來由，輒行開炮攻打，亦不免失之孟浪。」接連又說：「惟現在正值夷兵雲集諸務未定之時，方將激勵士氣，借資震懾而壯聲威。若經明白參奏，竊恐寒我將士之心，且益張夷眾桀驁之膽。」同時他一面詔行沿海文武官吏，在未攻擊之先，須詢明來由；「一面仍以夷情叵測，虎門係近省要隘，未便漫無提防，隨飭委署廣州府知府余保純、副將慶宇、游擊多隆武等前往該處，妥為密防。」是則琦善不但不願散漫軍心，且思「激勵士氣」；不僅未撤防具，且派員前往虎門「妥為密防」。

　　十二月初，和議暫趨決裂。琦善「遂酌調肇慶協兵五百名，令其

馳赴虎門，並派委潮州鎮總兵李廷鈺，帶弁前往幫辦。又酌調督標兵五百名，順德協兵三百名，增城營兵三百名，水師提標後營兵二百名，水師提標前營兵一百五十名，永靜營兵一百名，趕赴距省六十里之總路口、大濠頭、沙尾、獵德一帶，分別密防。並於大濠頭水口填石沉船，藉以虛張聲勢，俾該夷知我有備」。總計兵一千九百五十名，不能算多，且廣州第一道防線的虎門只五百名，虎門以內大濠頭諸地反增一千四百餘名。於此我們就可窺測琦善對軍事的態度及其所處地位的困難。他在大沽與英人交涉的時候，就力言中國萬非英國之敵。到了廣東，他的奏摺講軍備進行者甚少，講廣東軍備不可靠者反多。如在十二月初四所奏的具折內，他說不但虎門舊有的各炮臺布置不好，「即前督臣鄧廷楨、林則徐所奏鐵鍊，一經大船碰撞，亦即斷折，未足抵禦。蓋緣歷任率皆文臣，筆下雖佳，武備未諳。現在水陸將士中，又絕少曾經戰陣之人。即水師提臣關天培亦情面太軟，未足稱為驍將。而奴才才識尤劣，到此未及一月，不但經費無出，且欲製造器械，訓練技藝，遴選人才，處處棘手，緩不濟急。」琦善對軍事既如此悲觀，故不得不和；然和議又難成，不得不有軍備，「藉以虛張聲勢」，「俾該夷知我有備」；且身為總督，倘失地義不容辭。但軍備不但「緩不濟急」，且易招外人之忌，和議更易決裂，故只能「妥為密防」，但只能在虎門內多增軍隊，所以他猶豫不決。結果國內主戰派攻其「開門揖盜」，英人則責其無議和的誠心，不過遷延時日，以便軍備的完竣。他們說：「此種軍備進行甚速。」（Were going on with the utmost expedition.）英人採先發制人的策略，遂於十二月十五日晨攻擊大角、沙角兩炮臺。

結果中國大失敗。兩個炮臺均失守，水師船隻幾全覆沒；兵士死者約五百，傷者較少；炮位被奪、被毀者共一百七十三尊。英人方面受傷者約四十，死亡者無人。防守大角、沙角者約兩千人，英兵登陸來攻者共一千四百六十一人，內白人與印度人約各半。此役中國雖失

敗，然兵士死亡之多足證軍心尚未散漫。炮位損失有一百七十三尊，二十五尊在大角，七十二尊在沙角，餘屬師船，足以證明防具並未撤。我們還須記得：在虎門十臺之中，大角、沙角的地位不過次要。道光十五年整理虎門防務的時候，關天培和署理粵督祁㙔就說過：「大角、沙角兩臺在大洋之中，東西對峙，惟中隔海面一千數百丈，相距較遠，兩邊炮火不能得力，只可作為信炮望臺。」平時沙角防兵只三十名，大角只五十名；十二月十五之役，二臺共有兵士兩千名，不能算少。至於軍官及兵丁的精神，外人眾口一詞地稱讚。雖然，戰爭不滿二時而炮臺已失守，似無稱讚的可能。歐洲的軍士對於敗敵，素尚豪俠，他們的稱讚不能不打折扣，但是我們至少不應說琦善「開門揖盜」。

此役以後，琦善主和的心志更堅決，遂於十二月二十七日與義律訂了草約四條。他雖然費盡了心力求朝廷承認草約，宣宗一意拒絕。愈到後來，朝廷催戰的諭旨愈急愈嚴。琦善於無可奈何之中，一面交涉，一面進行軍備。他的奏摺內當然有調兵增防的報告，但我們可利用英人的調查以評他的軍備。正月二十三，義律派輪船Nemesis到虎門去候簽訂正式條約日期的資訊。此船在虎門逗留了四天，看見威遠、鎮遠及橫檔三炮臺增加沙袋炮臺（Sandbag Batteries），並說三臺兵士甚多。別的調查的船隻發現穿鼻的後面正建設炮臺，武山的後面正填石按椿以夾道。二月一日，義律親自到橫檔，查明自Nemesis報告以後，又加了十七尊炮。二月二日，英人截留了中國信船一隻，內有當局致關天培的信，囑他從速填塞武山後的交通。於是英人確知琦善已定計決戰，遂於二月五日下第二次的攻擊令。

道光二十一年（1841年）二月五日、六日的戰役是琦善的致命之傷，也是廣東的致命之傷。戰場的中心就是威遠、鎮遠、橫檔三炮臺，所謂虎門的天險。劇烈的戰事在六日的正午。到午後二點，三炮臺全失守。兵士被俘虜者約一千三百名，陣亡者約五百名。提督關天

培亦殉難。炮位被奪、被毀者，威遠一百零七尊，臨時沙袋炮臺三十尊，鎮遠四十尊，橫檔一百六十一尊，鞏固四十尊。此役的軍心不及十二月十五日。橫檔的官佐在開戰之初即下臺乘船而逃，且鎖臺門以防兵士的出走。然亦有死抗者。失敗的理由不在撤防，因為炮臺上的兵實在甚多，炮位亦甚多，而在兵士缺乏訓練及炮的製造與安置不合法。失敗之速則由於關天培忽略了下橫檔。此島在橫檔的南面，鎮遠的西面。關天培以為橫檔及威遠、鎮遠已足以制敵，下橫檔無關緊要，故在道光十五年（1835年）整理虎門防備的時候就未注意。不料英人於二月五日首先占領下橫檔，並乘夜安大炮於山頂。中國的策略只圖以臺攻船，而二月六日英人實先以臺攻臺。戰爭的失敗，琦善或須負一部分的責任，但是說他戰前不設備，戰中節節後退，不但與事實相反，且與人情相反。英人Davis甚至說琦善的軍備已盡人事天時的可能，時人及以後的歷史學家當然不信中國反不能與「島夷」敵，他們說中國所以敗，全由宣宗罷免林則徐而用琦善。他們以為林則徐是百戰百勝的主帥，英人畏之，故必去林而後得逞其志。英人在大沽的交涉不過行反間之計。時人持此論最力者要算裕謙。江上蹇叟（夏燮）根據他的話就下了一段斷語，說：「英人所憾在粵而棄疾於浙者，粵堅而浙瑕也。兵法攻其瑕而堅者亦瑕。觀於天津遞書，林鄧被議，琦相入粵，虎門撤防，則其視粵也如探囊而取物也。義律本無就撫之心，特藉琦相以破粵東之局。」魏源的論斷比較公允，然亦曰欲行林的激烈政策，「必沿海守臣皆林公而後可，必當軸秉鈞皆林公而後可」。不說「沿海守臣」及「當軸秉鈞」，即全國文武官吏盡是林則徐，中國亦不能與英國對敵。在九龍及穿鼻與林則徐戰者不過一隻配二十八尊炮的Voyage，及一隻配二十尊炮的Hyacinth。後與琦善戰者有陸軍三千，兵船二十餘隻，其大者如Wellesley、Blenheim、Melville皆配七十四尊炮。然而九龍及穿鼻的戰役仍是中國失敗；且虎門失守

的時候，林則徐尚在廣州，且有襄辦軍務的責任。英國大軍抵華以後，不即攻粵而先攻定海者，因為英政府以為廣東在中國皇帝的眼光裡，不過邊陲之地，勝負無關大局，並不是怕林則徐。當時在粵的外人多主張先攻虎門，唯獨《中國叢報》（Chinese Repository）反對此舉，但亦說：倘開戰，虎門炮臺的掃平不過是一小時的事而已。至於去林為英國的陰謀更是無稽之談。英人屢次向中國聲明：林之去留與英國無關係，實則林文忠的被罷是他的終身大幸事，而中國國運的大不幸。林不去，則必戰，戰則必敗，敗則他的聲名或將與葉名琛相等。但林敗則中國會速和，速和則損失可減少，且中國的維新或可提早二十年。鴉片戰爭以後，中國毫無革新運動：主要原因在時人不明失敗的理由。林自信能戰，時人亦信其能戰，而無主持軍事的機會，何怪當時國人不服輸！

戰爭失敗的結果就是《南京條約》：這是毫無疑問的。但戰爭最後的勝負並不在虎門，而在長江。《南京條約》的簽字距虎門失守尚有一年半的工夫。到了道光二十二年（1842年）的夏天，英國軍隊連下了吳淞、上海，並占了鎮江，南京危在旦夕，這時候朝廷始承認英國的條件而與訂約。正像咸豐末年，英法雖占領了廣州省城，清廷仍不講和；直到聯軍入京然後定盟。琦善在廣東的敗仗遠不如牛鑑在長江的敗仗那樣要緊。

總結來說，琦善與鴉片戰爭的軍事關係無可稱讚，亦無可責備。敗是敗了，但致敗的緣由不在琦善的撤防，而在當時中國戰鬥力之遠不及英國。琦善並未撤防或「開門揖盜」，不過他對戰爭是抱悲觀的。時人說這是他的罪，我們應該承認這是他的超人處。他知道中國不能戰，故努力於外交。那麼，他的外交有時人的通病，也有他的獨到處。現在請論琦善與鴉片戰爭的外交關係。

三、琦善與鴉片戰爭的外交關係

　　懿律及義律率艦隊抵大沽的時候，琦善以世襲一等侯、文淵閣大學士任直隸總督。他是滿洲正黃旗人。嘉慶十一年（1806年），他初次就外省官職，任河南按察使，後轉江寧布政使，續調任山東、兩江、四川各省的督撫。道光十一年（1831年），補直隸總督。鴉片戰爭以前，中國的外交全在廣東。故琦善在官場的年歲雖久，但於外交是絕無經驗的。

　　道光二十年（1840年）七月十四，懿律等到了大沽。琦善遵旨派游擊羅應鰲前往詢問。羅回來報告說：「英人只謂迭遭廣東攻擊，負屈之由，無從上達天聽，懇求轉奏」。此種訴屈申冤的態度是琦善對付英人的出發點，是極關緊要的。這態度當然不是英政府的態度。那麼，誤會是從何來的呢？或者是義律故意採此態度以圖交涉的開始，所謂不顧形式只求實際的辦法；或者是翻譯官馬禮遜未加審慎，而採

用中國官場的文字；或者是琦善的誤會。三種解釋都是可能的，都曾實現過的，但斷斷不是琦善欺君的飾詞，因為他以後給英人的文書就把他們當做申冤者對待。琦善一面請旨，一面令英人候至二十日聽回信。十七日諭旨下了。十八日琦善即派千總白含章往英船接收正式公文。

此封公文就是英國外部大臣巴麥尊爵士（Viscount Palmerston）致「大清國皇帝欽命宰相」的照會。此文是全鴉片戰爭最緊要的外交文獻。研究此戰爭者必須細審此照會的原文與譯文。譯者遵照巴麥尊的訓令只求信，不求雅。結果不但不雅，且不甚達。但除一句外，全文的翻譯，確極守信。這一句原文是「To demand from the Emperors at is faction and redress」，譯文變為「求討皇帝昭雪申冤」。難怪宣宗和琦善把這個外交案當做屬下告狀的訟案來辦！

這照會前大半說明英國不滿意中國的地處，後小半講英國的要求。中國禁煙的法子錯了。煙禁的法律久成具文，何得全無聲明忽然加嚴？就是要加嚴，亦當先辦中國的官吏，後辦外人，因為官吏「相助運進，額受規銀任縱」。中國反而首先嚴辦外人、寬赦官吏，豈不是「開一眼而鑑外人犯罪，閉一眼不得鑑官憲犯罪乎」？就是要辦外人，亦應分別良莠，不應一概禁錮，「盡絕食物，所僱內地工人，見驅不准相助」。如外人不繳煙土，即「嚇唬使之餓死」。不但英國商人是如此虐待，即「大英國家特委管理領事」「亦行強迫凌辱」。這是「褻瀆大英國威儀」。因此層層理由，英國第一要求賠償煙價。第二要求割讓一島或數島，作為英商居住之地，「以免（日後）其身子磨難，而保其貨貨妥當」。第三要求中國政府賠償廣州行商的積欠。第四要求以後中英官吏平等相待。第五要求賠償戰費及使費。倘中國「不妥善昭雪定事，仍必相戰不息矣」。照會內雖未提及林則徐的名字，只說「某官憲」，中外皆知英國不滿意的禁煙辦法，皆是林的行

動。照會的口氣雖是很強硬，但全文的方式卻是控告林的方式。

巴麥尊爵士給懿律及義律的訓令有一段是為他們交涉時留伸縮地步的。他說倘中國不願割地，那麼可與中國訂通商條約，包括（一）加開通商口岸；（二）在口岸外人應有居留的自由及生命財產的保護；（三）中國須有公布的（Publicly Known）及一定的（Fixed）海關稅則；（四）英國可派領事來華；（五）治外法權。除治外法權一項，餘皆為國際的慣例，並無不平等的性質，且並不有害於中國。訂商約或割地：這二者中國可擇其一，這點選擇的自由就是當時中國外交的機會。要評斷琦善外交的優劣就在這一點。

琦善接到了巴麥尊的照會，一面轉送北京請旨，一面與懿律約定十天內回答。廷臣如何計議，我們不能知其詳細。計議的結果就是七月二十四日的兩道諭旨。一道說：「大皇帝統馭寰瀛，薄海內外，無不一視同仁。凡外藩之來中國貿易者，稍有冤抑，立即查明懲辦。上年林則徐查禁煙土，未能仰體大公至正之意，以致受人欺蒙，措置失當。茲所求昭雪之冤，大皇帝早有所聞。必當逐細查明，重治其罪。現已派欽差大臣，馳至廣東，秉公查辦，定能代申冤抑，該統帥懿律等，著即返棹南還，聽候辦理可也。」此道上諭可說是中國給英國的正式答覆。其他一道是給琦善的詳細訓令。「所求昭雪冤抑一節，自應逐加訪察，處處得實，方足以折其心……俾該夷等咸知天朝大公至正，無稍迴護，庶不敢藉口申冤，狡焉思逞也。」至於割讓海島，「斷不能另闢一境，致壞成規」。所謂「成規」就是廣東一口通商。行商的積欠，「亦應自為清理，朝廷何能過問」。換言之，廣東行商所欠英人的債，英人應該向行商追討，何得向朝廷索賠？「倘欲催討煙價，著諭以當日呈繳之煙，原係違禁之件，早經眼同燒毀，既已呈繳於前，即不得索價於後。」這種自大的態度何等可笑！英國所要求者一概拒絕，唯圖重治林則徐的罪以了案，這豈不是兒戲！但在當

時，這是自然，極正大的辦法。「薄海內外，無不一視同仁」：這豈不是中國傳統的王道？英國既以控告林則徐，中國即以查辦林則徐回答：這豈不是皇帝「大公至正之意」？

八月二日，琦善即遵旨回答了英國代表。他們不滿意，要求與琦善面議。琦善以「體制攸關」不應該上英國船，遂請義律登岸。八月初四、初五，他們二人在大沽海岸面議了兩次。義律重申要求，琦善照聖旨答覆。交涉不得要領。最困難的問題是煙價的賠償。八月十八、十九琦善復與懿律移文交涉。他最後所許者，除查林則徐外，還有恢復通商及賠煙價的一部分二條。「如能照常恭順，俟欽差大臣到彼查辦，或貴國乞恩通商，據情具奏，仰邀恩准，亦未可定。」「如貴統帥欽遵諭旨，返棹南還，聽欽差大臣馳往辦理，雖明知煙價所值無多，要必能使貴統帥（懿律）有以登覆貴國王，而貴領事（義律）亦可申雪前抑。果如所言，將有利於商賈，有益於兵民，使彼此相安如初，則貴統帥回國時，必顏面增光，可稱為貴國王能事之臣矣。」英國代表於是「遵循皇帝的意旨」（In Compliance with the Emperor）開船往廣東，並約定兩國停止軍事行動。

英國政府所以要懿律及義律帶兵船來大沽，就是要他們以武力強迫中國承認英國的要求。懿律等在大沽雖手握重兵，然交涉未達目的即起碇回南，且說回南是遵循中國皇帝的意旨。難怪巴麥尊幾乎氣死了。難怪中國以為「撫夷」成功了。宣宗因此飭令撤防，「以節糜費」，且即罷免林則徐以表示中國的正大。大沽的勝利是琦善得志的階梯，也是他日後失敗的根由。懿律等的舉動不但不利於英國，且不利於中國，因為從此舉動發生了無窮的誤會。但他們也有幾種理由：彼時英兵生病者多，且已到秋初，不宜在華北起始軍事行動。琦善態度和平，倘與林則徐相比，實有天壤之別。他們想在廣東與他交涉，不難成功。他們在大沽不過遷就，並不放棄他們的要求。

琦善在大沽除交涉外，同時切實調查了敵人的軍備。他的報告和朝廷改變林則徐的強硬政策當然有密切的關係。英國軍艦的高大，這是顯而易見的。「又各設有大炮，約重七、八千斤。炮位之下，設有石磨盤，中具機軸，只須轉移磨盤，炮即隨其所向。」此外還有「火焰船」，「內外具有風輪，中設火池，火乘風起，煙氣上燻，輪盤即激水自轉，無風無潮，順水逆水，皆能飛渡」。當時的人如林則徐所擬破夷之法，琦善以為皆不足恃。倘攻夷船的下層，「夷船出水處所亦經設有炮位，是其意在回擊也」。若欲穿其船底，則外人水兵「能於深五、六丈處，持械投入海中，逾時則入跳躍登舟，直至巔頂，是意在抵禦也」。此外還有縱火焚燒的法子，「今則該夷泊船，各自相離數里，不肯銜尾寄碇……是意在卻避延燒也」。「泥恆言以圖之，執成法以禦之，或反中其詭計，未必足以決勝。」這是琦善「知彼」的功夫。

　　對於這樣的強敵，中國有能力可以抵抗嗎？琦善說中國毫無足恃。「該夷所恃者為大炮，其所畏者亦惟大炮。」那麼，中國正缺乏大炮。譬如在「山海關一帶本無存炮，現飭委員等在於報部廢棄炮位內檢得數尊，尚係前明之物，業已蒸洗備用」。華北如此，華南亦難操勝算。「即如江浙等省所恃為外衛者，原止長江大海。今海道已被該夷游奕，長江又所在可通，是險要已為該夷所據，水師轉不能入海窮追。」假設中國能於一處得勝，英國必轉攻別處；假使我們能於今年得勝，英國必於明年再來。「欲求處處得勝，時時常勝，臣實不免隱存意外之虞。」「邊釁一開，兵結莫釋。我皇上日理萬機，更不值加以此等小丑跳樑，時殷宸廑。而頻年防守，亦不免費餉勞師。」這是琦善「知己」的功夫。

　　外交的元素不外「理」與「勢」。鴉片戰爭的時候，中英各執其理，各行其是。故中英的問題，論審勢，論知己知彼的功夫，琦善無

疑地遠在時人之上。琦善仍是半知半解，但時人簡直是無知無解。所以琦善大聲疾呼主和，而時人斥為媚外，或甚至疑其受英人的賄賂。

不幸，十一月六日琦善到廣東的時候，國內的氣氛及中英間的感情均不利於和議。伊里布在浙江曾要求英國退還定海，英人不允。朝野因之以為英國求和非出於至誠。在英國方面，因中國在浙江搶奪了二十多個英國人，且給以不堪的待遇，決戰之心亦復增加。十一月內，浙撫劉韻珂、欽差大臣祁寯藻、黃爵滋、御史蔡家玕相繼上奏，說英人有久據定海的陰謀。朝廷主和的心志搖動。同時義律在廣東多年，偏重廣州通商的利益，主張在廣州先決勝負。所以他在廣東的態度，比在大沽強硬多了。中國對他送信的船開了炮，他就派兵船來報復。所以琦善到廣東後的第一次奏稿就說義律的詞氣「較前更加傲慢」。適此時懿律忽稱病，交涉由義律一人負責。琦善莫名其妙。「初六日（委員）接見懿律時，雖其面色稍黃，並無病容，然則何至一日之間，遽爾病劇欲回。」……那麼此中必有狡計：「今懿律猝然而行，或就此間別作陰謀，或其意見與義律另有參差，抑或竟係折回浙江，欲圖占據，均難逆料。」所以琦善就飛諮伊里布，要他在浙江嚴防英人的襲攻。

這樣的環境絕非議和的環境，但廣東的軍備狀況，更使琦善堅持和議。他說廣東「水師營務，微特船不敵夷人之堅，炮不敵夷人之利，而兵丁膽氣怯弱，每遇夷師船少人稀之頃，輒喜貪功，迨見來勢強橫，則皆望而生懼」。他第一步工作當然是聯絡感情，和緩空氣。他教水師參將致信懿律，「聲明未詢原委，擅先開炮，係由兵丁錯誤，現在嚴查懲辦」。如此衝突免了，而雙方的面子都顧到了。同時他又釋放了叱頓（Vincent Staunton），此不過在澳門外人的一個教書先生，因至海岸游泳，民人乘機擄之而獻於林則徐以圖賞資。英人已屢求釋放而林不許。琦善此舉，雖得罪了林派，尤為英人所感激。氣

氛為之大變，交涉得以進行。

　　義律交涉的出發點就是前在大沽所要求的條件：（一）他要求賠償煙價，首先要二千萬元，後減至一千六百萬，又減到一千二百萬。琦善先許三百萬，續加至四百萬，又加至五百萬。這是市場講價式的外交。（二）兵費一條，琦善堅決拒絕，「答以此係伊等自取虛糜。我軍增兵防守，亦曾多費餉銀，又將從何取索？」（三）行商的欠款應由行商賠補。（四）義律允退還定海，但要求在粵、閩、浙沿海地方另給一處。琦善以為萬萬不可：「假以偏隅尺土，恐其結黨成群，建臺設炮，久之漸成占據，貽患將來，不得不先為之慮。且其地亦甚難擇，無論江、浙等處，均屬腹地，斷難容留夷人，即福建之廈門一帶，亦與臺灣壤地相連……無要可扼，防守尤難。」（五）中、英官吏平等一節，琦善當即許可。這是十一月二十一以前交涉的經過。十二月初七的上諭不許琦善割尺寸地，賠分毫錢，只要他「乘機攻剿，毋得示弱」，於是全國復積極調兵遣將了。

　　這道上諭，十二月二十左右始到廣東。未到之先，琦善的交涉又有進展。煙價的賠償定六百萬元，分五年交付。交涉的焦點在割地。義律要求香港。琦善堅持不可：「即香港亦寬至七、八十里，環處眾山之中，可避風濤。如或給予，必致屯兵聚糧，建臺設炮。久之必覬覦廣東，流弊不可勝言。」香港既不能得，義律遂要求添開口岸兩處。琦善以為「添給貿易碼頭，較之給予地方，似為得體」。他本意願添兩處，但為講價計，先只許廈門一處，且只許在船上交易，不許登岸。義律頗討厭這種講價式的交涉，遂以戰爭脅之。琦善雖一面備戰，他的實心在求和。他十二月初四所具的折力求朝廷許添通商口岸。粵東防守如何不可靠，他在折內又說了一遍：「蓋緣歷任率皆文臣，筆下雖佳，武備未諳」；「即前督臣林則徐、鄧廷楨所奏鐵鍊，一經大船碰撞，亦即斷折，未足抵禦」。初六日，義律請他到澳門去

面議。他以為「無此體制」，並恐「狼子野心」、「中懷叵測」，只許移文往來。十四日，義律聲明交涉決裂，定於明日攻擊。琦善的覆信尚未發去，中英已開始戰爭了。

十二月十五日，大角、沙角失守了，琦善的交涉就讓步。二十七日遂與義律定了《穿鼻草約》：（一）中國割讓香港與英國，但中國得在香港設關收稅，如在黃浦一樣。（二）賠款六百萬元，五年交清。（三）中英官吏平等。（四）廣州於道光二十一年（1841年）正月初復市。在英國方面，即時退還定海。此約是琦善外交的結晶。最重要的就是割讓香港。在定約的時候，琦善已經接到了不許割地、不設賠款的諭旨。照法律他當然有違旨的罪，但從政治看來，琦善的草約是當時時勢所許可最優的條件，最少的損失。我們倘與《南京條約》相較，就能斷定《穿鼻草約》是琦善外交的大勝利。《南京條約》完全割香港；《穿鼻草約》尚保留中國在香港收稅的權利。《南京條約》開五口通商；《穿鼻草約》仍是廣東一口通商。《南京條約》賠款二千一百萬元；《穿鼻草約》賠款只六百萬元。我們倘又記得義律因訂《穿鼻草約》大受了巴麥尊的斥責，我們更能佩服琦善的外交能力了。

訂了此約以後，琦善苦口婆心地求朝廷批准。道光二十一年（1841年）正月二十五到京的奏摺可說是他最後的努力。他說戰爭是萬不可能，因為地勢無要可扼，軍械無利可恃，兵力不固，民心不堅。「奴才再三思維，一身所係猶小，而國計民生之同關休戚者甚重且遠。蓋奴才獲咎於打仗之未能取勝，與獲咎於辦理之未合宸謨，同一待罪，餘生何所顧惜。然奴才獲咎於辦理之未合宸謨，而廣東之疆地民生猶得仰賴聖主洪福，藉保義安。如奴才獲咎於打仗之未能取勝，則損天威而害民生，而辦理更無從措手。」宣宗的朱批說：「朕斷不似汝之甘受逆夷欺侮戲弄，迷而不返。膽敢背朕諭旨，仍然接遞

逆書，代逆懇求。實出情理之外，是何肺腑，無能不堪之至。」「琦善著革去大學士，拔去花翎，仍交部嚴加議處。」部議尚未定奪，怡良報告英占據香港的奏摺已於二月初六到了北京。宣宗即降旨：「琦善著即革職鎖拿……家產即行查抄入官。」北京審判的不公，已於上文說明。

　　琦善與鴉片戰爭的關係，在軍事方面，無可稱讚，亦無可責備。在外交方面，他實在是遠超時人，因為他審察中外強弱的形勢和權衡利害的輕重，遠在時人之上。雖然琦善在中國歷史上的地位不能算重要。宣宗以後又赦免了他，使他做了一任陝甘總督、一任雲貴總督。他既知中國不如英國之強，他應該提倡自強如同治時代的奕訢、文祥及曾左李諸人，但他對於國家的自強竟不提及。林則徐雖同有此病，但林於中外的形勢實不及琦善那樣的明白。

國家圖書館出版品預行編目（CIP）資料

蔣廷黻‧中國近代史：1840～1925中國的挫敗、自
強與變革／蔣廷黻著. -- 初版. -- 新北市：西北國際
文化, 2018.12
　　面；公分

ISBN 978-986-96259-2-0（平裝）

1.近代史　2.中國史

627.6　　　　　　　　　　　　　　　107018903

蔣廷黻‧中國近代史

1840 ～ 1925 中國的挫敗、自強與變革

作　　者：蔣廷黻

主　　編：余素維、李碧涵
資深編輯：劉姍姍
責任編輯：尤嘉莉
校　　對：林雅卿、陳素雲、吳琇娟
封面設計：楊雅屏
內頁排版：李雅玲

法律顧問：建業法律事務所　張少騰律師
地　　址：台北市 110 信義區信義路五段
　　　　　7 號 62 樓（台北 101 大樓）
電　　話：886-2-8101-1973
法律顧問：徐立信律師

監　　製：漢湘文化事業股份有限公司
出 版 者：西北國際文化有限公司
地　　址：新北市 235 中和區建一路 176
　　　　　號 12 樓之 1
電　　話：886-2-2226-3070
傳　　真：886-2-2269-0198

總 經 銷：昶景國際文化有限公司
地　　址：新北市 236 土城區民族街 11 號
　　　　　3 樓
電　　話：886-2-2269-6367
傳　　真：886-2-2269-0299
E - m a i l：service@168books.com.tw
歡迎優秀出版社加入總經銷行列

初版一刷：2018 年 12 月
定　　價：依封底定價為準

香港總經銷：和平圖書有限公司
地　　址：香港柴灣嘉業街 12 號百樂門
　　　　　大廈 17 樓
電　　話：852-2804-6687
傳　　真：852-2804-6409

168閱讀網
www.168books.com.tw